写真で見る 菊池学級の子どもたち

「価値語」で人間を育てる

菊池省三
内藤慎治・井上洋祐

中村堂

はじめに

　1年ほど前に、東北で行われたセミナーで、
「菊池先生は、1日何枚ほどの写真を撮られるのですか？」
という質問を受けました。

　そのような質問が出てきたのも、そのときのセミナーでも、教室の様子をたくさんの画像や動画で紹介したからでしょう。
　私は、ほぼ毎週末に参加するセミナーでは、常にその週の教室の様子を画像や動画を中心に話そうと思っています。それが、学級担任としての私なりの責任だと思っているからです。
　そのときは、
「だいたい30枚ぐらいでしょうか・・・」
と、答えた記憶があります。
　その後、意識して数えてみると毎日ほぼ50枚程度の写真を撮っていることが分かりました。

「菊池先生、先生の教室の写真集を作りませんか？」
という話が、菊池道場内で出てきたのは、セミナーでのそんなやり取りのあった数か月後でした。
　話は盛り上がり、
「『白い黒板』を全て出しましょう」
「話し合いの板書も事実として公開しましょう」
「卒業生のメッセージを、育った子どもの姿の表れの一つとして取り上げましょう」
「セミナーやフェイスブックで見る子どもたちの様子も、価値語とセットにしてみましょう」
「自分らしさを発揮し合う象徴として、係活動の

子どもの作品も写真集に載せましょう」
・・・・
　このような会話が行われ、大まかな構成も決まっていきました。
　このようないきさつもあり、この「菊池学級の写真集」を作ることになったのです。
　その後、パソコンの中に眠っていた画像や動画を毎日探し出す作業が続きました。容量が３ＴＢ（テラバイト）ほどになっている過去のデータを、徹底的に見直す作業です。
　この作業には、数か月かかりました。
　本書の目次は、
第１章　菊池実践をつらぬく「価値語」指導
第２章　言葉で学び合う菊池学級の白熱教室
第３章　言葉を大切にした白い黒板
第４章　価値語を育む「係活動」
第５章　写真が語る価値語
第６章　試練の10番勝負
第７章　後輩へのメッセージ
となっています。
　この本に書かれていることは、どれも、私が担任した子どもたちの「事実」です。
　コミュニケーション力の育成を中心とした指導、言葉を大切にした指導を20数年間続けてきた私の実践の「事実」です。

　写真から見えてくる、子どもたちの成長、学び、喜び、思いなどを感じ取っていただけるとうれしいです。
　菊池学級の中で、自分を見つけ、お互いのそれらを大切にし合いながら成長していった子どもたちの「事実」から、明日からの教室実践に役立つヒントを得ていただきたいと思っています。

　本書は、第３章、第５章を菊池道場博多支部の内藤慎治氏、第４章を菊池道場大牟田支部の井上洋祐氏が担当してくださいました。それ以外の章は、菊池が書きました。
　そして、全編を株式会社中村堂・中村宏隆氏にまとめて構成していただきました。
　本当にありがとうございました。

　また、執筆を励まし続けていただいた全国の菊池道場の先生方にもお礼を申し上げます。
　本書が多くの教室に少しでもお役に立てば幸いです。

２０１４年１１月３日

　　　　　　　　　　　　　　　　　　　　　　　　　菊池道場長　　菊池　省三

もくじ

はじめに ─────────────────────── 2・3

第1章　菊池実践をつらぬく「価値語」指導 ─────── 7〜13

第2章　言葉で学び合う白熱教室 ──────────── 15
- ○言葉で人間を育てる菊池学級 ───────────── 16・17
- ①縄文時代と弥生時代、どちらが幸せか ────────── 18・19
- ②サンタさんは、本当にいるのか ───────────── 20・21
- ③奈良の大仏は、もっと小さくてもよかった ──────── 22・23
- ④「一本のチューリップ」─────────────── 24・25
- ⑤「『鳥獣戯画』を読む」─────────────── 26・27
- ⑥日本は、食料生産の自給率を上げるべきである。賛成か反対か。── 28・29
- ⑦「平和のとりでを築く」─────────────── 30・31
- ⑧国語「大造じいさんとガン」──────────── 32・33
- ⑨ディベートを楽しもう ─────────────── 34・35
- ⑩学級会「楽しい修学旅行にするための計画を立てよう」── 36・37

第3章　言葉を大切にした白い黒板 ─────────── 39
- ○子どもと学級が育つ白い黒板 ───────────── 40・41
- ①「五年一組」は成長するだろう ─────────── 42・43
- ②「ほめ言葉のシャワー」をもっとよりよいものに ───── 44・45
- ③質問タイムを続けると… ────────────── 46・47
- ④学習規律 ──────────────────── 48・49
- ⑤ほめ言葉のシャワー　レベルアップシリーズ ─────── 50・51
- ⑥バスケット、県展の取り組みで学んだことは何か ───── 52・53
- ⑦なぜ5年1組は話し合いができるようになってきたのか ─── 54・55
- ⑧5年1組に来られた方はどんな気持ちだろうか ────── 56・57
- ⑨豊かな言葉の使い手を育てる方法 ───────── 58・59
- ⑩ほめ言葉のシャワーでＳＡとはどのような行為がとれる人か ── 60・61

第4章　価値語を育む「係活動」─────────── 63
- ○菊池学級の「係活動」指導 ───────────── 64・65
- ①藤井ポスター社　第1号！ ──────────── 66・67
- ②叱られ方講座　第2号！ ───────────── 68・69
- ③ほめ言葉のシャワー講座　第3号！ ─────────── 70・71
- ④○を伸ばして△も○へ講座!!　第4号！ ───────── 72・73
- ⑤三つあります!作文スピーチ講座　第5号！ ──────── 74・75
- ⑥「学習規律」講座!!　第6号！ ─────────── 76・77
- ⑦偉い人、当たり前のことを当たり前にできる人講座　第7号！ ── 78・79

⑧使える価値語　声！　講座！　第8号！ ――――――――― 80・81
　⑨ノートは作戦基地！講座　第9号！ ――――――――――― 82・83
　⑩一人が美しいの使い方!!講座　第10号！ ――――――――― 84・85

第5章　写真が語る価値語 ――――――――――――――――― 87
　○「価値語」で学び育ち合う子どもの事実 ―――――――――― 88〜91
　①「公」に強くなれ ――――――――――――――――――― 92・93
　②学び合い＝寄り添う ―――――――――――――――――― 94・95
　③白熱せよ ―――――――――――――――――――――― 96・97
　④一人が美しい ――――――――――――――――――――― 98・99
　⑤沈黙の美しさ ――――――――――――――――――― 100・101
　⑥細部にこだわれ ―――――――――――――――――― 102・103
　⑦美しい涙 ――――――――――――――――――――― 104・105
　⑧自己開示 ――――――――――――――――――――― 106・107
　⑨教室は家族 ―――――――――――――――――――― 108・109
　⑩リバウンドするな ――――――――――――――――― 110・111

第6章　試練の10番勝負 ―――――――――――――――― 113
　○試練の10番勝負のねらい ―――――――――――――― 114・115
　①ほめ言葉のシャワーで、ＳＡとはどのような行為がとれる人か？ ― 116・117
　②リバウンドしないでＳＡのその先に行くために必要なものは何か？ ― 118・119
　③5年1組を漢字一文字、四字熟語であらわすと何か？ ――― 120・121
　④○○君の成長から学ぶべきことは何か？ ―――――――― 122・123
　⑤対話力アップ　価値語で私はどのような成長をしたか？ ― 124・125
　⑥仲よくなれたヒミツは何か？ ――――――――――――― 126・127
　⑦5年1組の特長・特徴は何か？(生活編・授業編) ――――― 128・129
　⑧なぜ、6年1組は話し合いが成立するのか ―――――――― 130・131
　⑨言葉(価値語)を得て自分はどう変わったのか ―――――― 132・133
　⑩言葉の力とは何か ――――――――――――――――― 134・135

第7章　後輩へのメッセージ ―――――――――――――――― 137
　○「1年間のこの成長は、私にとって宝物です」 ――――――― 138・139
　「卒業生からのメッセージ」① ――――――――――――― 140・141
　「卒業生からのメッセージ」② ――――――――――――― 142・143
　「卒業生からのメッセージ」③ ――――――――――――― 144・145
　「卒業生からのメッセージ」④ ――――――――――――― 146・147
　「卒業生からのメッセージ」⑤ ――――――――――――― 148・149

おわりに ――――――――――――――――――――――― 150・151

第1章 菊池実践をつらぬく「価値語」指導

菊池省三

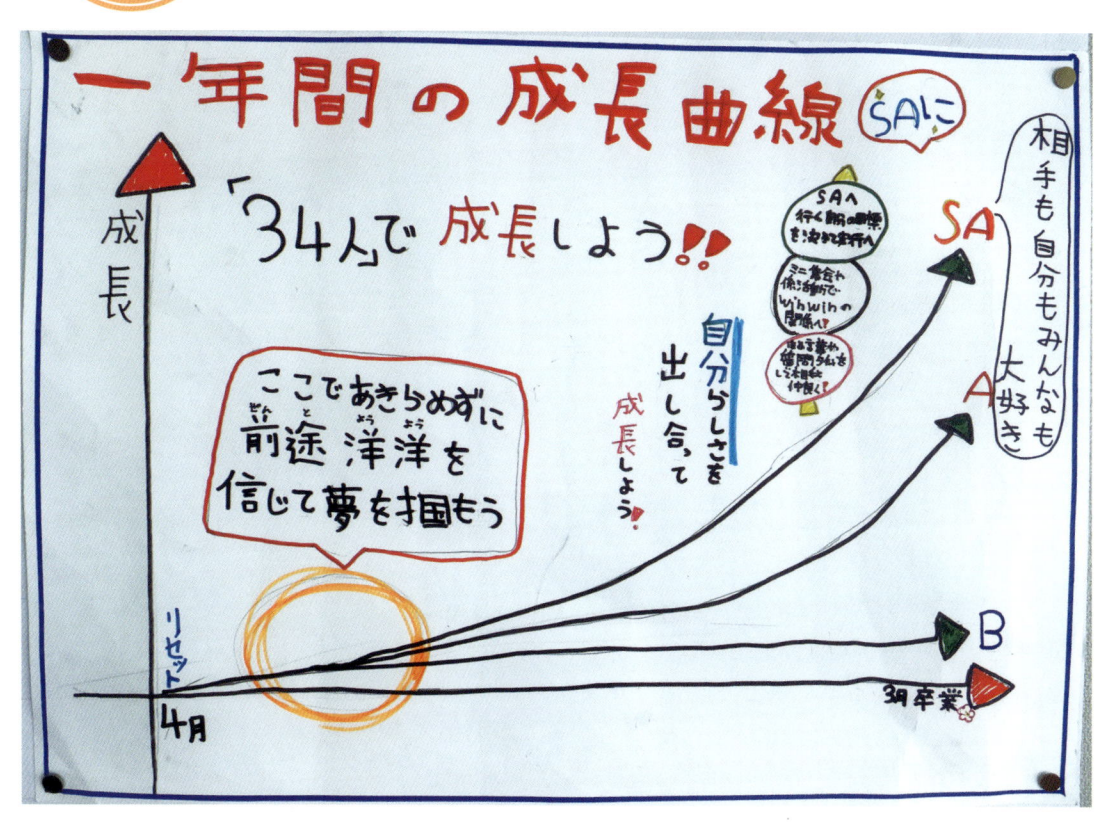

　上の写真は、平成26年度の6年生数名が1学期に作った掲示物です。

　6年生の「作品」としては、私は最高傑作と言ってもいいのではないかと思っています。

　これを作った子どもたちは、前年度も担任していた子どもたちです。5年生の1年間を振り返り、そこで学んだことをもとに作り上げたのです。

・成長曲線
・リセット
・自分らしさ
・Aの道、Bの道
・SA
・あきらめない
・前途洋洋
・自分も相手もみんなも大好き

といった、菊池学級名物の「価値語」を経験を生かして上手く使っています。

　これを教室内に掲示することによって、新しいメンバーも含んだ6年1組34人の学級で、1年間の見とおしをもちながらみんなで育っていこうと考えたのでしょう。

　菊池学級では、子ども同士のコミュニケーション活動を重視しています。そのためにも「言葉」を大切にします。価値ある言葉を大切にするのです。私たちは、そのような言葉を「価値語」と呼んでいます。

　毎年、子どもたちは、多くの「価値語」を自分のものにし、豊かなコミュニケーション力を身につけて「巣立って」いきます。

　そんな事実を紹介します。

以下は、平成２５年度の５年生３４人が、１年間を振り返って学んだ多くの「価値語」から「ベスト１００」を選んだものです。

平成２５年度５年１組　価値語１００

1. ディベートは人と意見の区別
2. Ｄの言葉とＹの言葉
3. 「まっ、いいか」
4. 全力疾走
5. 下剋上
6. マネしろ！
7. 我武者羅
8. 「メリハリ」をつける
9. ５Ｗ１Ｈを外すな
10. プラン・ドゥー・シー 
11. 美しい涙
12. 引用力をつけろ
13. ディベートは納得解で終わろう
14. 質問タイムは「きくこよね」で質問しよう
15. 公は、公的話法で話そう
16. バカの３拍子は言わない
17. 話し合いは、ニューアイデアを出すためにある
18. 教室に入る時は仮面をかぶる
19. 公の場で成長を示せ
20. 遊ぶときは無邪気になれ 
21. 若竹のように伸びろ
22. 克己心を持て
23. 全力疾走の日々を送れ
24. 潔い
25. いい意味の二重人格
26. ＳＡ
27. 凛々しくあれ
28. 凛とした態度
29. 公の場で通用する人になろう
30. 自己開示
31. 公共の福祉が守れる人に
32. 他己中 
33. 臨機応変
34. 切り替えスピード
35. 自力本願
36. 正々堂々
37. たかが○○、されど○○
38. 人と意見を区別する
39. 蘊蓄を傾ける
40. 一人ですばやく全力で
41. 不可視の世界
42. 空白の１分間を黄金の１分間にせよ 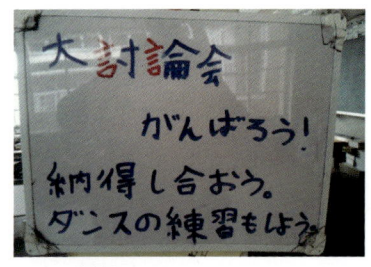
43. 一人が美しい
44. リセット
45. 超一流
46. もし思考を広げる
47. 非日常
48. 有終の美を飾る

４９．静寂
５０．ＳＡのその先へ
５１．公へのパスポート
５２．競い合うのが成長だ
５３．集大成へ
５４．観察力を磨こう
５５．全員参加をしよう
５６．出る声を出す声にしよう
５７．「生長」ではなく「成長」に
５８．学校に来たら仮面
５９．人に正対せよ 
６０．公の場に出よう
６１．素直なＡのバケツになろう
６２．恥ずかしいと言って何もしないことを恥ずかしいという
６３．見える化しよう
６４．腐ったリンゴになるな
６５．引き上げる人になろう
６６．不可視を見抜く
６７．出席者じゃなく参加者になれ
６８．１０歳の壁を越えよう
６９．話し合いの時は、正・反⇒合
７０．一人がさぼっていたら二倍がんばれ
７１．不格好の美しさ
７２．自分らしさを出そう
７３．牛のよだれにならない 
７４．テキパキスピーチ
７５．ＷＩＮ／ＷＩＮの関係
７６．成長を示す(自分のよさをみんなに見せる)
７７．公の世界で社会の力を出す 
７８．いい意味でバカになれ
７９．価値ある無理をせよ
８０．努力して美しい涙を流そう
８１．ガラスの心臓にならない
８２．心のバランスをとろう
８３．必要な時に一人が美しいをする
８４．正しい叱られ方で叱られよう
８５．無邪気な自分になろう
８６．コミュニケーション力を高めよう
８７．自分のことを大好きに
８８．５００円玉をかせげ
８９．超一流になろう
９０．自己紹介の達人になろう
９１．沈黙の美しさ
９２．かっこよく去れ
９３．教室の３条件
９４．学び合いは寄り添い合うこと
９５．ラベルを決めて端的に話せ
９６．教室は家族です
９７．スマイリー村上
９８．価値語を増やせ
９９．子どもらしさ
１００．成長曲線を加速させよう

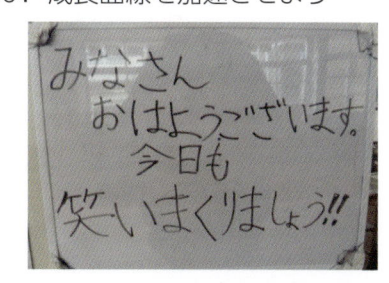

(平成26年2月20日調査)

この資料は、平成２６年度の６年生３４人で学んだ国語科説明的文章の学習の振り返り内容です。

「話し合い学習」で相手から学んだこと
～よりよい話し合いを求めて～

国語科・説明的文章「生き物はつながりの中に」の話し合いから

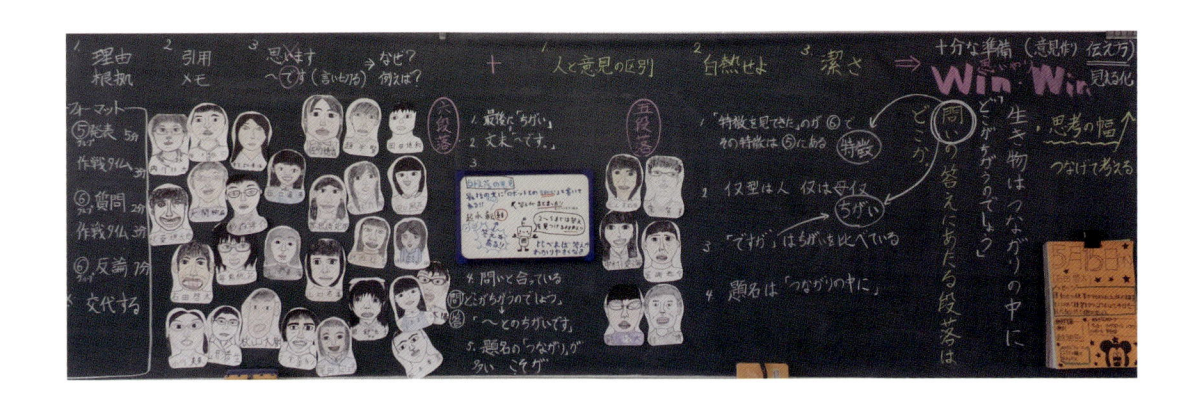

【個人学習・同じ立場のグループとの交流】
１．証拠は文章の中から出す。
２．自由対話は同じ人とばかり話さない。
３．付け足しの赤をたくさん書く。
４．辞書を使って準備する。
５．発表できるように箇条書きでノートに書く。
６．教科書にも書き込んでおく。
７．分からない人に教えている。
８．一人でいる人に声をかけて入れてあげる。
９．自分からいろいろな人と交流している。
１０．教科書とノートを持って交流している。

【話し合い・話す】
１１．ホワイトボードや黒板に書いて分かりやすく発言している。
１２．より分かりやすくまとめて話す。
１３．「思います」→「～です」と言い切る。
１４．結論から話している。
１５．相手の方を見て話す。
１６．教科書やノートを使って説明している。
１７．イラストを使って説明している。
１８．意見に意見を付け足す。

19．カンでも「～です」と言い切る。
20．「～と言いましたね」と確認してから反論している。

【話し合い・聞く】
21．相手の意見を聞いてすばやく反論している。
22．相手の意見を素早くメモしている。
23．相手の意見をフセンに書き、そして矢印で流れを書いている。
24．発言するために反論に反論を準備している。
25．相手を見ながらうなずいて聞いている。
26．分かりやすくノートにまとめている。
27．拍手をする。
28．「〇ページ」と言うと全員が〇ページを開ける。
29．発表内容だけではなく相手の見方や考え方もメモする。
30．聞いている姿勢がいい（足裏・背筋）。

【態度・心構え】
31．反論されてもさわやか。
32．勝ち負けにこだわらない。
33．自分から立つ勇気。
34．熱くなれる気持ち。
35．友だちを助ける。
36．潔く立場を変える。
37．参加していない（聞いていない）人に注意できる。
38．休み時間も友だちと話し合っている。
39．ふり返りの感想を時間いっぱい書いている。
40．次の時間までに自分から準備をしている。

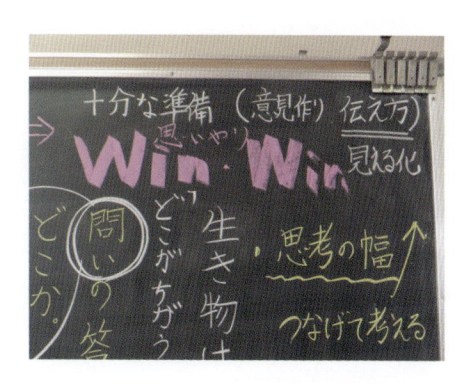

第1章　菊池実践をつらぬく「価値語」指導

3つ目は、平成26年度の子どもたちが自主的に作った「6-1 17条憲法」です。

「6-1」17条憲法

第一条　「でも・・・」ではなく『＋思考』にするべし！
第二条　当たり前の事を当たり前にできる人に！
第三条　目標を作ってそれに向かって走るべし！
第四条　超一流になるべし！
第五条　一人一役をきちんとこなせる人に！
第六条　教室では、何に対しても対抗意識を持とう。
第七条　「昨日の自分より今日の自分の方がよく」を心がけに！
第八条　自分の目標を3つ以上作る。
第九条　公の場にふさわしい相手軸の関係を。
第十条　教室に入る時　仮面をかぶれ。
第十一条　自分の事を「大好きだ」と言える自分になろう。
第十二条　行動する時は、いい事か悪い事か心の中で自問自答する！
第十三条　意見と人を区別する。
第十四条　拍手＝強く、細かく、元気よく！を心がける。
第十五条　アイデアを良い意味でうばい合うべし。
第十六条　誰にでも好かれる、好きになれる人に。
第十七条　あなたがいたおかげでＳＡに行けたよと言われる人になろう。

最後に・・・この十七条を読んで何か感じられた事はありませんか？　これは、6-1全員の憲法です。みんなで守りましょう！

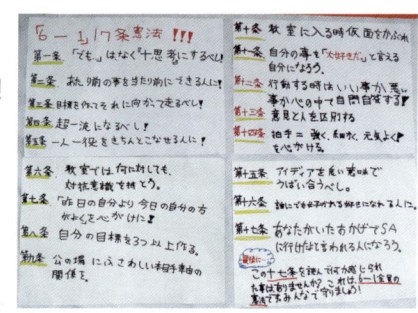

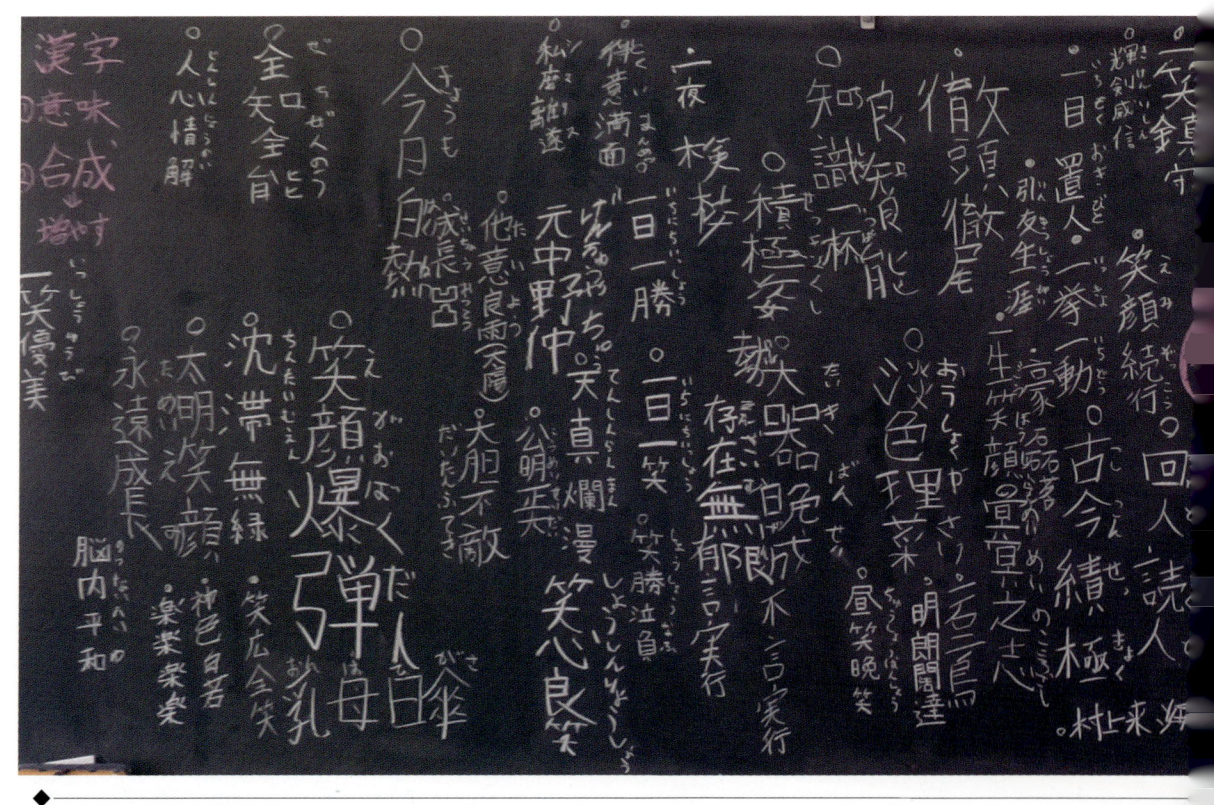

いくつかの資料で見ていただいたように、菊池学級では「価値語」を中心とした言葉を大切にした指導を行っています。
　昨年度担任した5年生の子どもが、成長ノートに次のように書いていました。

「この1年間で、『言葉の力』について考えたように思います。たくさんの価値語を知りました。自分が大きく成長したと思います。
　4年生までは、マイナスの言葉を何も気にしないで普通に使っていました。今思ってみても、どうしてあんなんだったんだろうと不思議でしかたがありません。きっと心が荒れていたのでしょう。だから、友だちともすぐにトラブルを起こしたり、ちょっとしたことでケンカをしたりしていたのです。
　でも、この1年間で変わりました。言葉の力を知ったからです。
　人と意見を区別して、話し合いやディベートを楽しめるようになりました。
　自分らしさを発揮して、自己開示ができるようになりました。
　みんなで話し合って、何かを決めたり変えたりできるようになりました。
　友だちの言葉を聞いて、その人のことが理解できるようになりました。
　そして、「自分のことも大好き」と言える人間になってきました。本当に、言葉にお礼を言いたいです。ありがとうございました。」

『言葉で人間を育てる』ということを、子どもたちの事実に学びながら、私自身がこれからも求め続けていきたいと思っています。

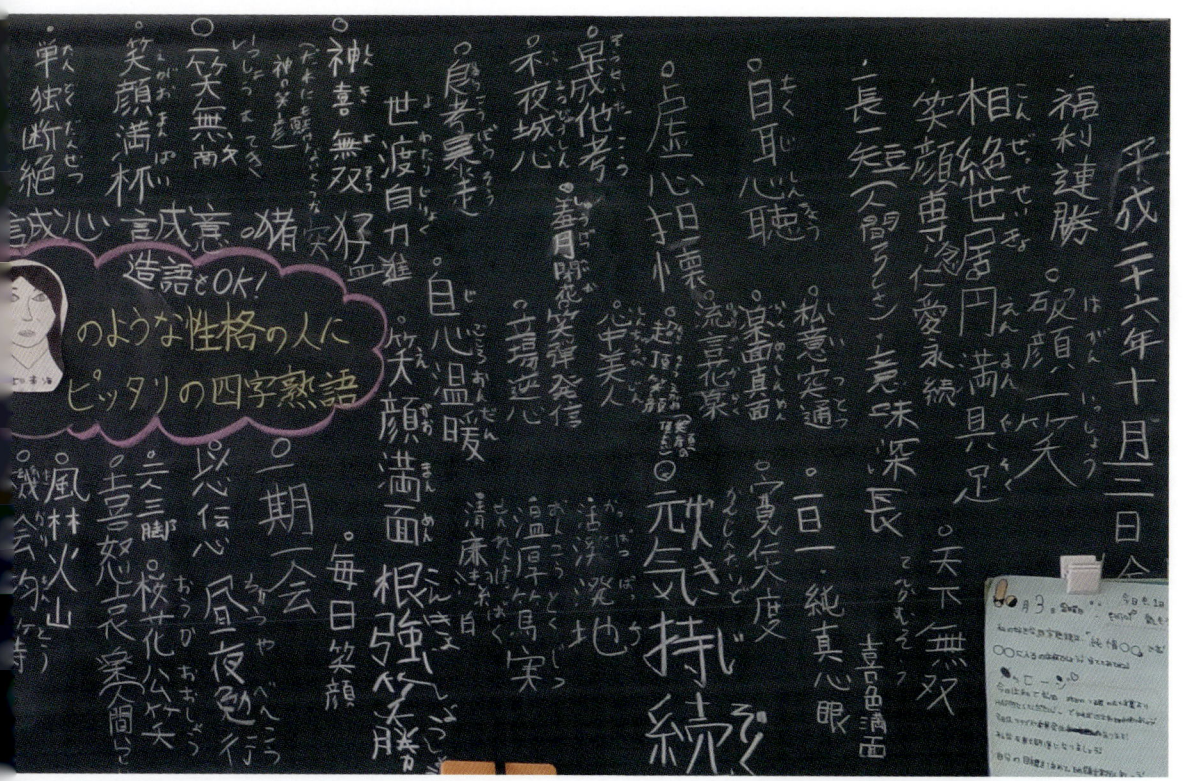

第2章 言葉で学び合う白熱教室

菊池省三

第2章 言葉で学び合う白熱教室
○言葉で人間を育てる菊池学級

■ **菊池学級の白熱教室とは**

　「答え」が分裂する話し合うテーマを与えます。大きく2種類のテーマがあります。1つは、「サンタさんは本当にいるのか」「奈良の大仏はもっと小さくてもよかった」といった「正解」のないテーマです。話し合ってお互いが納得し合うテーマです。「納得解」の話し合いと呼んでいます。

　もう1つは、「筆者のいちばん言いたい段落はどこか」「太一の気持ちがガラリと変わったところはどこか」といった「正解」のあるテーマです。話し合いをとおしてそれを見つけていくテーマです。「絶対解」の話し合いと呼んでいます。

　どちらの話し合いも白熱します。「納得解」の話し合いの楽しさを体験すればするほど、「絶対解」の話し合いも白熱してきます。

子どもたちに、「今日の国語は話し合いです」と伝えると、「ヤッター」と一斉に歓声が上がることがあります。白熱し合うことが好きなようです。お互いの「自分らしさ」を出し合う学びが楽しいのでしょう。

■ 白熱教室を生み出す話し合いのさせ方
　次のような流れで話し合いをさせます。菊池学級の話し合いの基本形です。
1．テーマを理解させる
2．立場を決めさせる
3．理由を箇条書きで書かせる
4．同じ立場の者同士で話し合いをさせる
5．違う立場の者同士で話し合いをさせる
6．ふり返りを行う
　1学期は、この話し合いの流れを体験させながら理解させます。2学期は、ディベートを経験させて、嚙み合った話し合いのよさを実感させます。そして3学期は、子どもたちの手で話し合いを成立させるようにします。
　自由に立ち歩いて対話を行う、議論の「見える化」を図るということがキーポイントです。

第2章　言葉で学び合う白熱教室 ◆

第2章 言葉で学び合う白熱教室
①縄文時代と弥生時代、どっちが幸せか

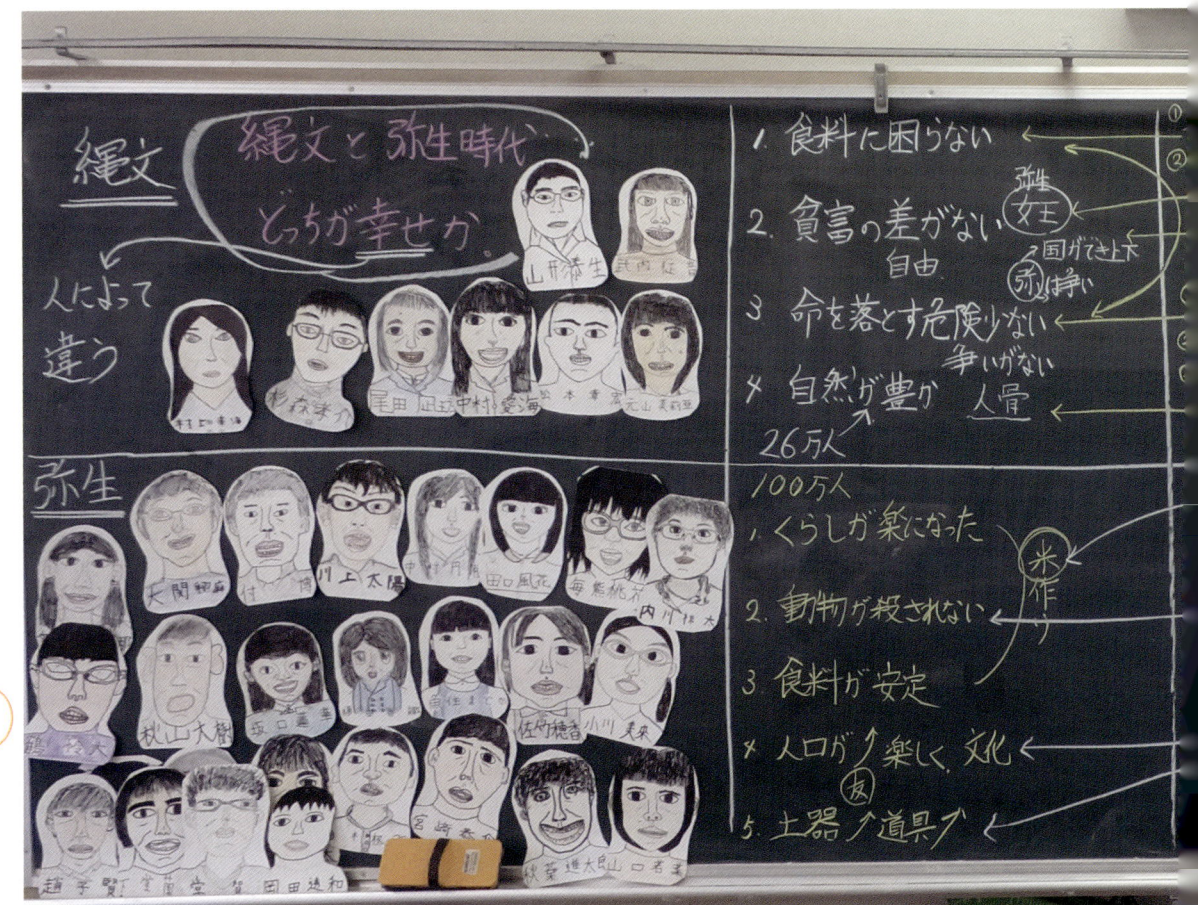

■ **話し合いのねらい**

　噛み合った話し合いを体験させ、その楽しさを実感させます。ディベートのフローシートのような板書を作ることで、そのことを意識させます。相手の意見に納得しないで、反論し合うことをとおして自分たちの主張を成長させていきます。

　考え続けるという学びを体験させる授業です。

■ **子どもたちの成長**

　子どもたちは、この授業のあとに次のような感想を書いています。

・社会科の学習は覚えることが中心だと思っていたけれど、相手の意見を聞いて反論したり、すぐに調べて意見を言ったりする勉強だったので楽しかった。

・考え続けていたら、途中で意見を変えようかと思った。楽しくて頭の中が爆発しそうでした。みんなで意見を述べ合う学習の楽しさ、考え続ける学びの楽しさを感じていました。

6年社会科　4月

意見を述べる楽しさ、相手の意見に反論する楽しさを教えます。「覚える学習」から「考え合う学習」へと学びのあり方を変えていきます。みんなで考え続けることを体験させます。

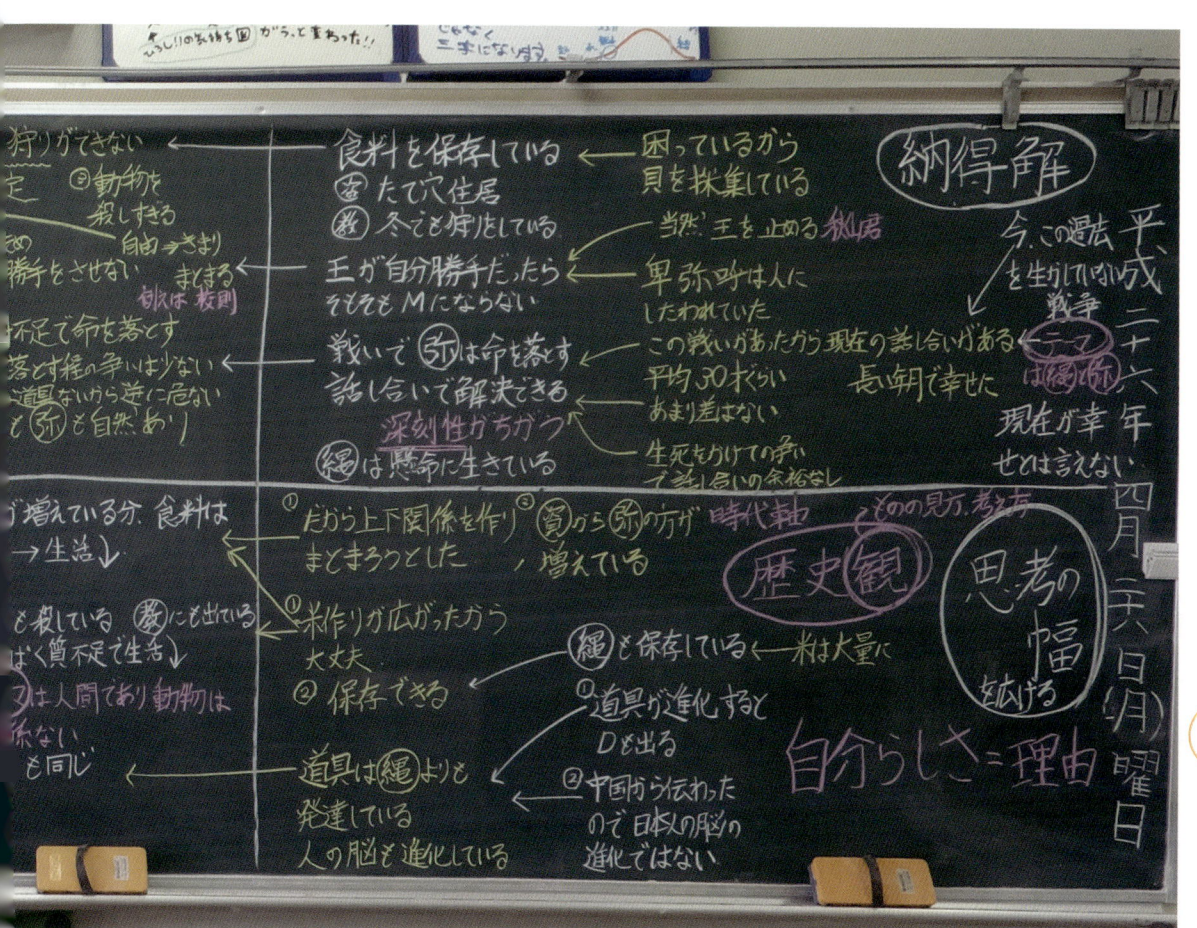

授業後の休み時間の様子です。授業が終わっても黒板の前に来て、話し合いの続きをしています。授業後も白熱していました。

相手の意見や反論に対して、自分の意見を考えるということは、思考の幅を広げることにもなります。記憶中心の今までの学習との違いに気づいてきます。

第2章　言葉で学び合う白熱教室

第 **2** 章 言葉で学び合う白熱教室
②サンタさんは、本当にいるのか

■ 話し合いのねらい
　「とことん話し合う」ことをさせました。納得し合うまで話し合いをさせました。12月のこの時期までに、子どもたちはある程度の話し合う力をつけていました。その上のレベルをめざしたのです。
　誰もが体験的にも話すことができるこのテーマで、「みんなで考え続けることを楽しもう」という教室の雰囲気を確かなものにしたかったからです。

■ 話し合いによる成長の姿
　子どもたちは、4時間止まることなく話し合いを続けました。最初は、「いない派」が多かったのですが、最終的には「いる派」が上回りました。議論は、「不可視」の世界の価値を認めさせた「いる派」が勝っていました。
・議論の見える化を自主的に行う　　・話し合いを自分たちの手で進めていこう
・「正・反→合」の話し合いをしよう
といった話し合いにおける大切な技術や考え方を学んだようです。

5年総合的な学習の時間	12月

「納得解」の話し合いです。子どもたちは、3日間で4時間の白熱した話し合いを行いました。互いに納得し合おうと、インターネットで調べたり、意見を見える化したりしました。2学期末の定番のテーマです。

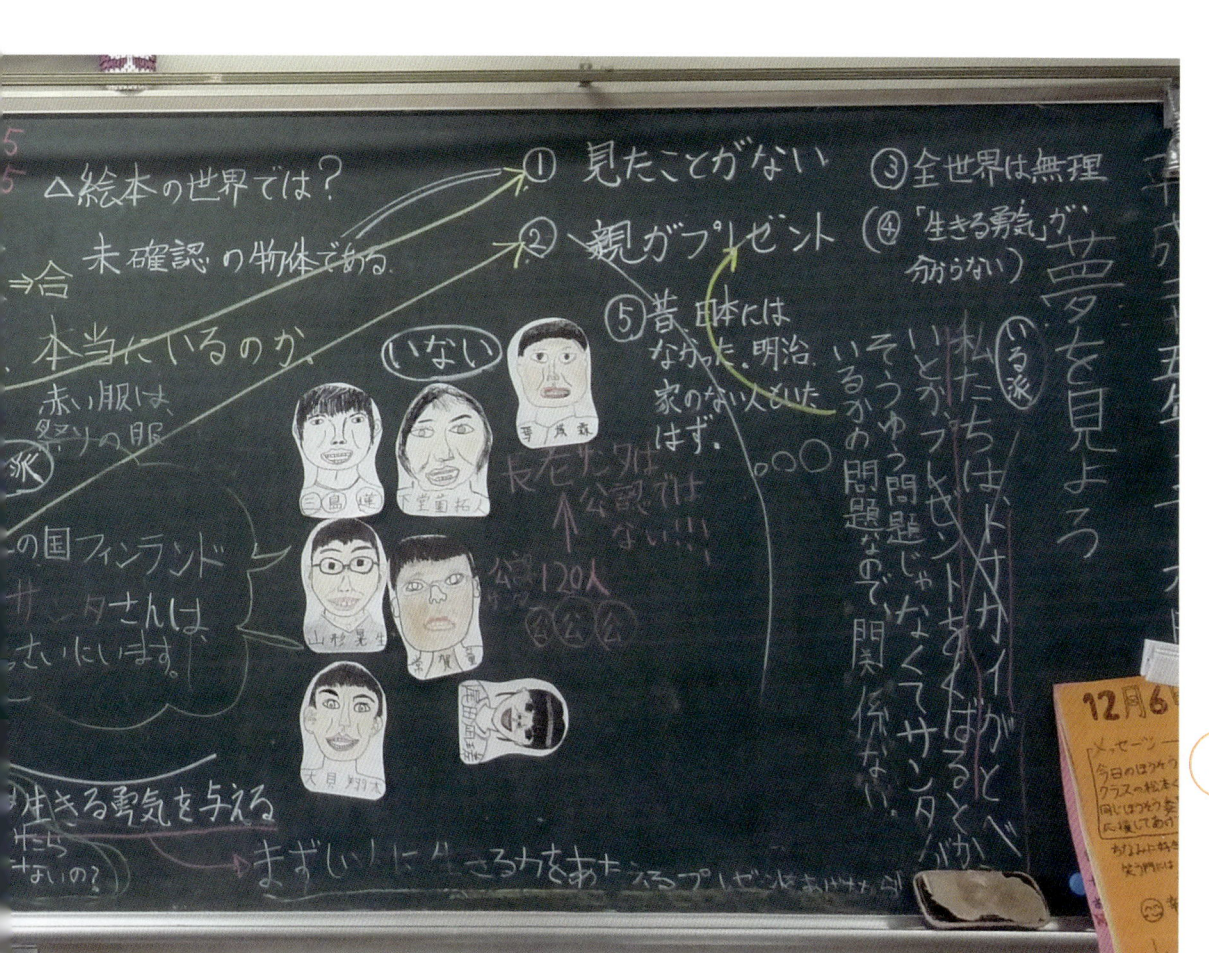

白熱してくると、子どもたちは自発的な動きを見せ始めます。必要に応じて立ち歩き、友達と対話をしたり、黒板に意見を書き込んだりします。教師が視界から消えても自分たちで話し合いを進めていきます。

第2章　言葉で学び合う白熱教室 ◆

第2章 言葉で学び合う白熱教室
③奈良の大仏は、もっと小さくてもよかった

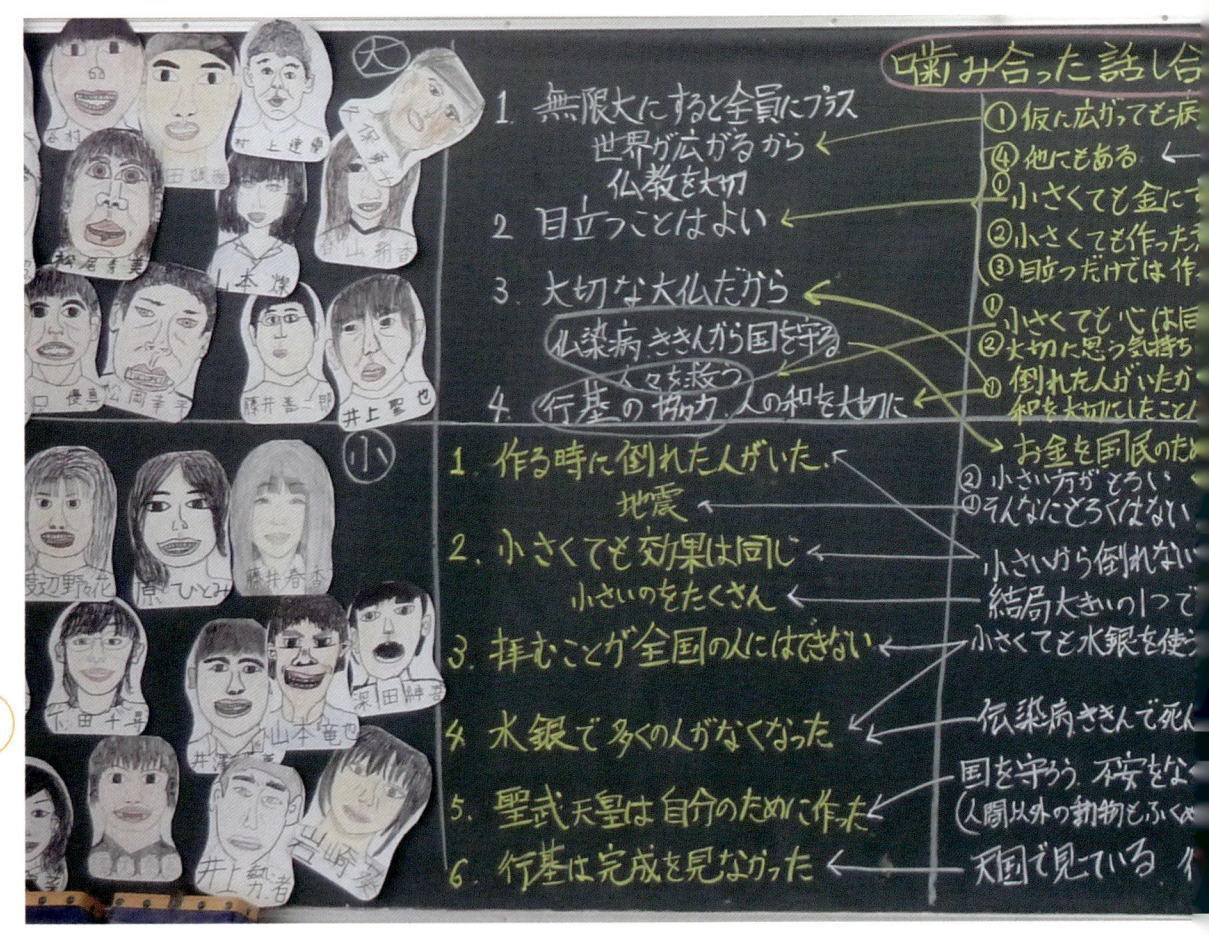

（黒板の写真：児童の似顔絵と板書）

噛み合った話し合い

【大】
1. 無限大にすると全員にプラス　世界が広がるから　仏教を大切
2. 目立つことはよい
3. 大切な大仏だから　伝染病 ききんから国を守る
4. 行基の協力、人の和を大切に

【小】
1. 作る時に倒れた人がいた・地震
2. 小さくても効果は同じ　小さいのをたくさん
3. 拝むことが全国の人にはできない
4. 水銀で多くの人がなくなった
5. 聖武天皇は自分のために作った
6. 行基は完成を見なかった

（右側の反論メモ）
①仮に広がっても病
④他にもある
①小さくても金に…
②小さくても作った…
③目立つだけでは作…
①小さくても心は同…
②大切に思う気持ち
①倒れた人がいたが　和を大切にしたこと
お金を国民のため
②小さい方がとうとい
①そんなにとうとくはない
小さいから倒れない
結局大きい一つで
小さくても水銀を使う
伝染病ききんで死ん
国を守ろう、不安を…
人間以外の動物もふく…
天国で見ている

■ 話し合いのねらい
　話し合いの基本形を教えました。その中で、
・意見をメモすることで見える化を図る　　・横書きをすることで議論の流れがよく分かる
・色を変えることでどの立場の意見かが明確になる
・矢印でどの意見への反論なのかを示し、噛み合わせる
といったことを理解させようとしました。

■ 話し合いによる成長の姿
　子どもたちにとって、「奈良の大仏は、もっと小さくてもよかった」というテーマは、衝撃だったようです。「大きいのが当たり前」「大きいから奈良の大仏」・・・といった疑うこともない認識だったからです。
　「現在でも『当たり前』だと思っていることも、その反対の立場から考えている人もいるんですよ。例えば、スカイツリーや東京オリンピックなど・・・」という私の話に、大きくう

6年社会科 5月

初めて担任した6年生の5月の授業です。知識を機械的に得るだけではなく、必要な知識を使って判断をする、その判断の質を高め合う授業です。ディベート的な授業です。

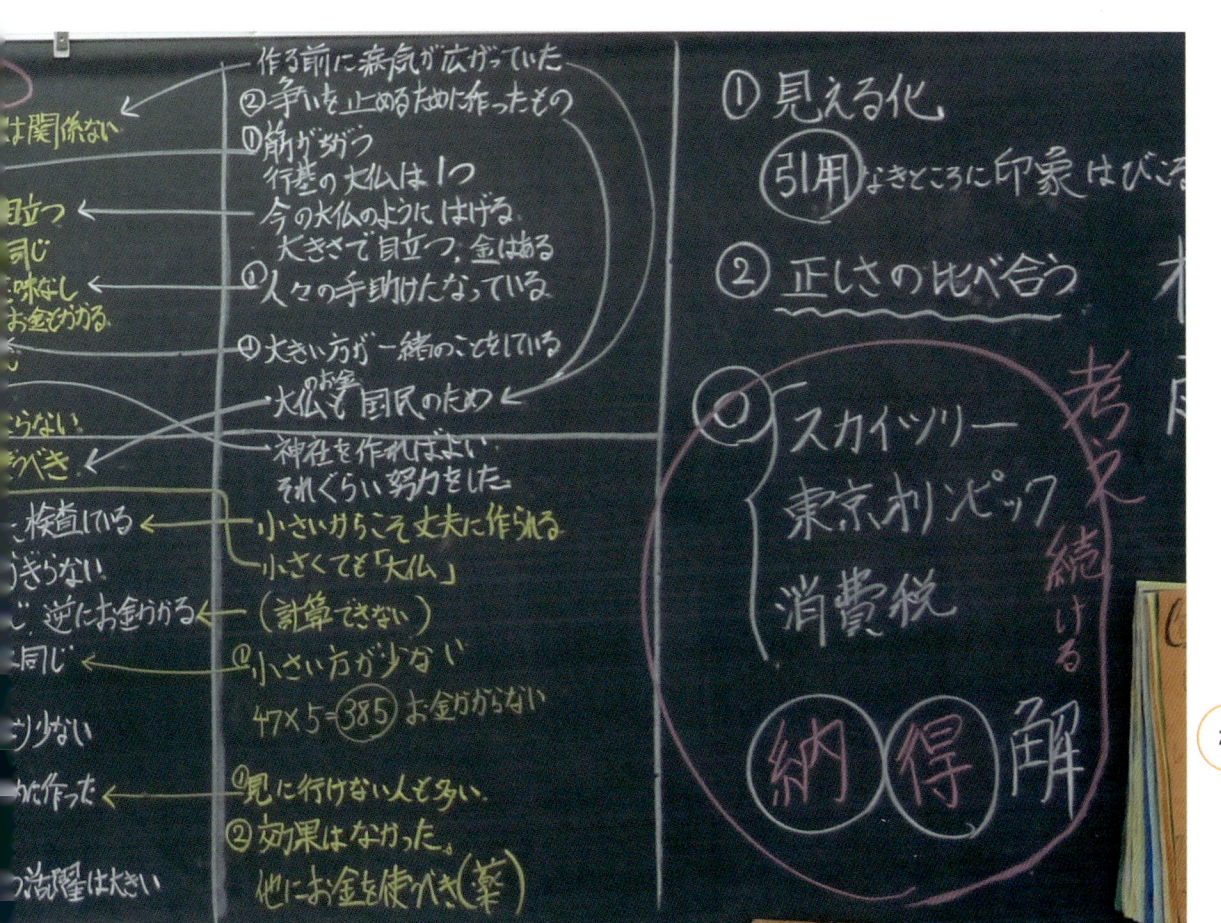

なずいている子どもが多かったです。
　一度疑ってみる、逆の立場から考えるといった学びのおもしろさに気づいたようでした。

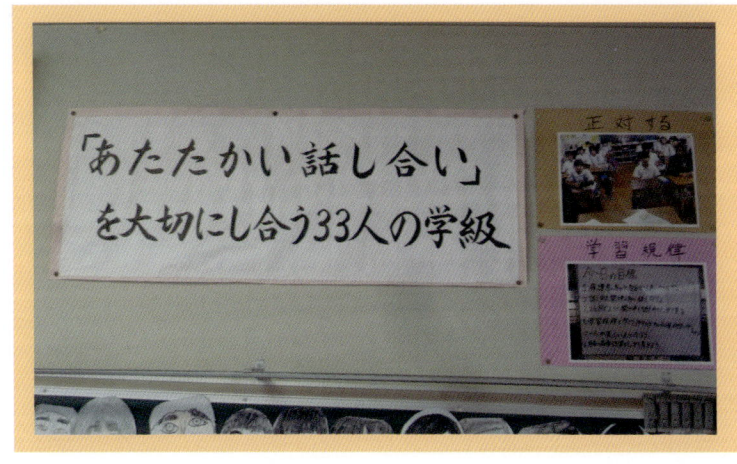

写真は、この話し合いをした平成24年度の学級目標です。ディベート的な話し合いをするのだけれども、「あたたかい話し合い」をみんなでめざそうと話し合って決めたものです。「全員」で達成しようと挑戦し続けました。

第2章　言葉で学び合う白熱教室 ◆

第2章 言葉で学び合う白熱教室
④「一本のチューリップ」

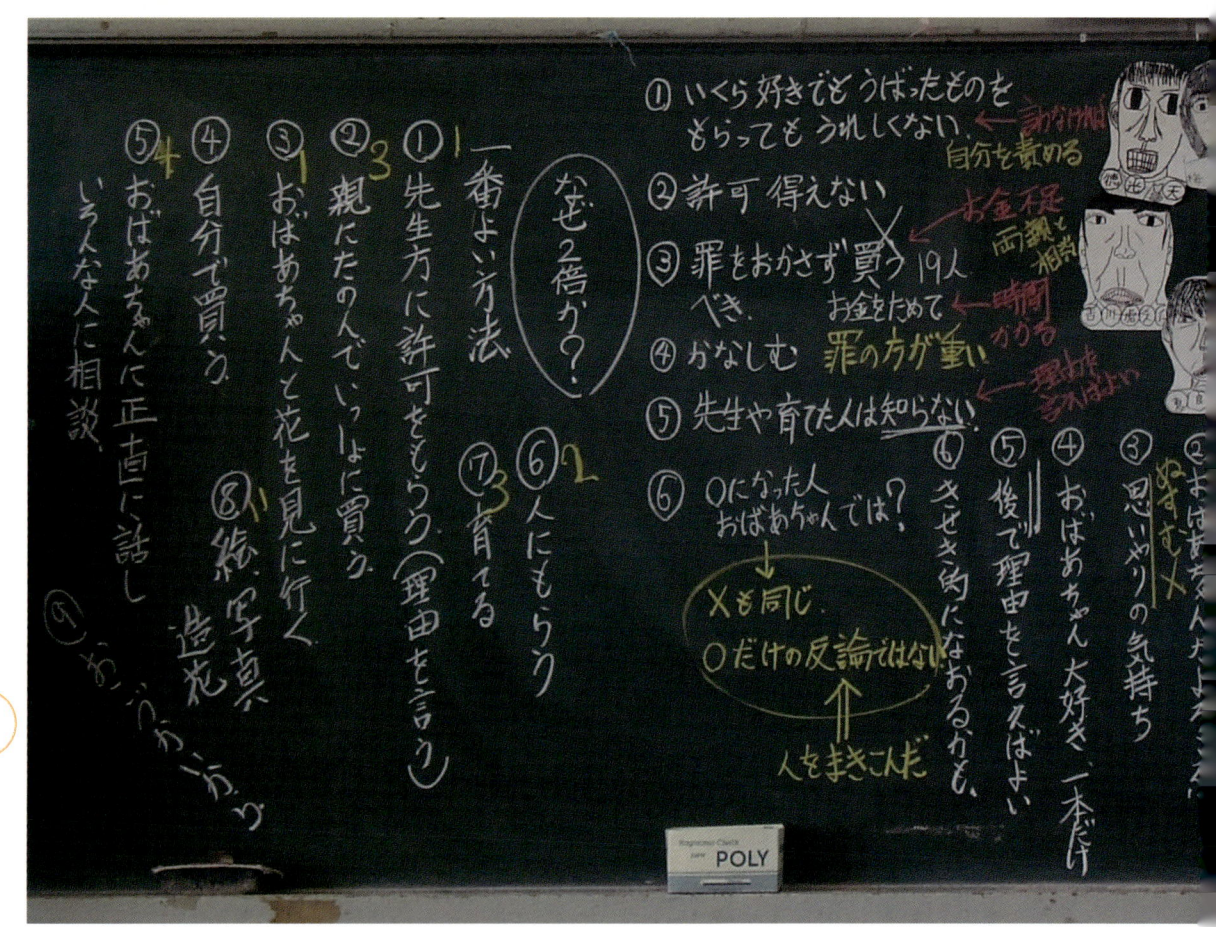

（黒板の写真）

■ 話し合いのねらい
　6年生4月の実践です。5年生までは、人間関係を上手く築けないでいた子どもたちでした。進んで発言をするといった教室の雰囲気はなかった学級です。
「自由に思ったことを発言していいんだよ」「人と違うのが当たり前なんだよ」「意見は絶えず成長していくものなんだよ」といった事実を体験をとおして教えようと考えていました。
・ある女の子が、学級園のチューリップをこっそり1本取って帰りました。この行為は、○か×か。
・女の子のおばあちゃんは、病気で入院していました。おばあちゃんはチューリップが大好きでした。女の子は、おばあちゃんにあげようとして取ったのです。この行為は、○か×か。
・女の子は、どうすればよかったのか。
・あなただったらどうするか。
この4つの発問で行った授業です。子どもたちは、初めて意見を述べ続けました。

■ 話し合いによる成長の姿
「こんなに意見を言い合ったのは初めてです」「黒板がみんなの意見でいっぱいになったのに

6年道徳　4月

道徳の時間での話し合いです。4つの発問で組み立てた授業です。徳目を押し付けるのではなく、どのような行動が望ましいのかを考えさせた道徳授業です。

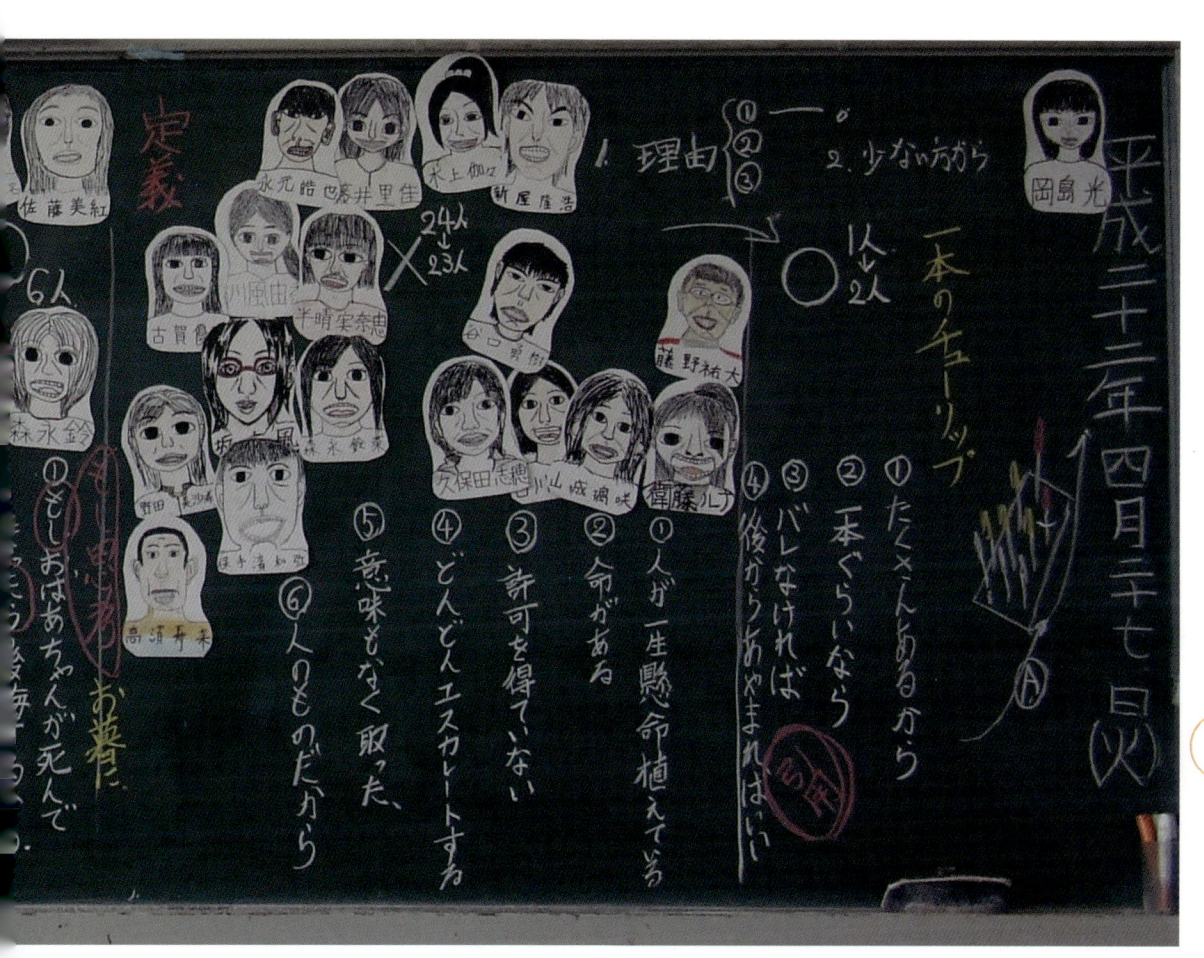

「感動しました」…このような感想を子どもたちは書いていました。教師の話を聞いて覚える授業にはない楽しさを感じたようでした。そして、このような授業への期待が感じられました。

この写真は、この学級の2学期後半のときのものです。参観者がいても、自信をもって自由な対話を楽しんでします。自分の意見を伝え、相手のそれを聞き入れて学びあうことを安心して行うことができている姿です。

第2章　言葉で学び合う白熱教室 ◆

第2章 言葉で学び合う白熱教室
⑤「『鳥獣戯画』を読む」

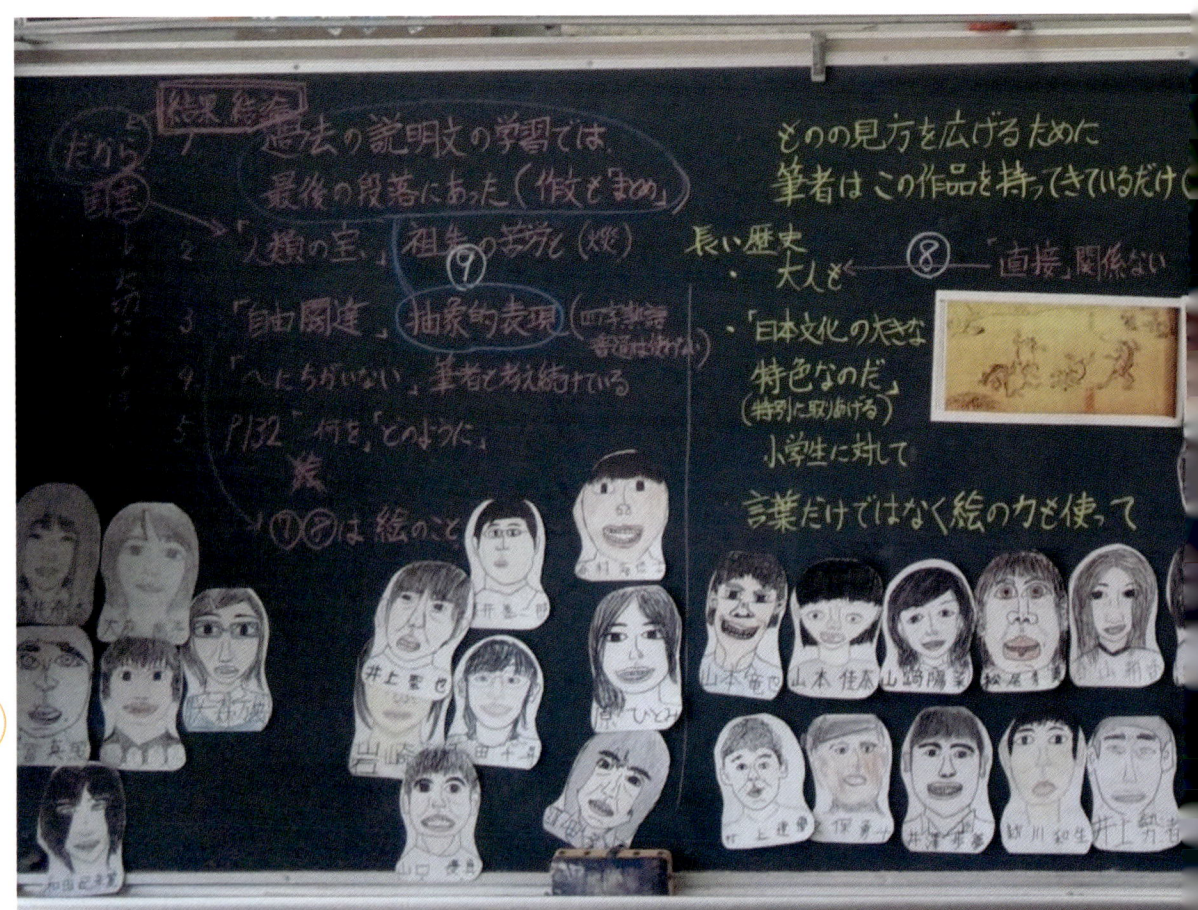

■ 話し合いのねらい
　６年生１２月の話し合い授業です。１０数回はこのような話し合い学習を教科領域の中で経験していました。ですから、子どもたちで授業を進めさせました。
　黒板の右上にも白のチョークで書いていますが、相手と自分の意見を冷静に比べて、何が同じで何が違うのかをはっきりさせて話し合うようにさせました。そして、その違いはどこからきているのか、その違いを正しく納得させるためにはどうしたらいいのかを考えさせました。
　最終的には、子どもたちの力で「決着」をつけることができました。

■ 話し合いによる成長の姿
　１２月という時期になると、「人と意見を区別する」ということも実感できるようになります。意見の内容だけに集中できるようになるのです。授業中は激しく議論し、休み時間になると穏やかに談笑するという姿が多く見られるようになるのです。
　このときの子どもたちもそうでした。「私たち、意見が違うからさっきまで戦っていたのに

6年国語　12月　説明的文章の読解です。話し合いのテーマは、「筆者の一番言いたい段落はどこか」です。絶対解の話し合いです。4月からの話し合い授業を経験していた子どもたちは、人と意見を区別して学び合っていました。

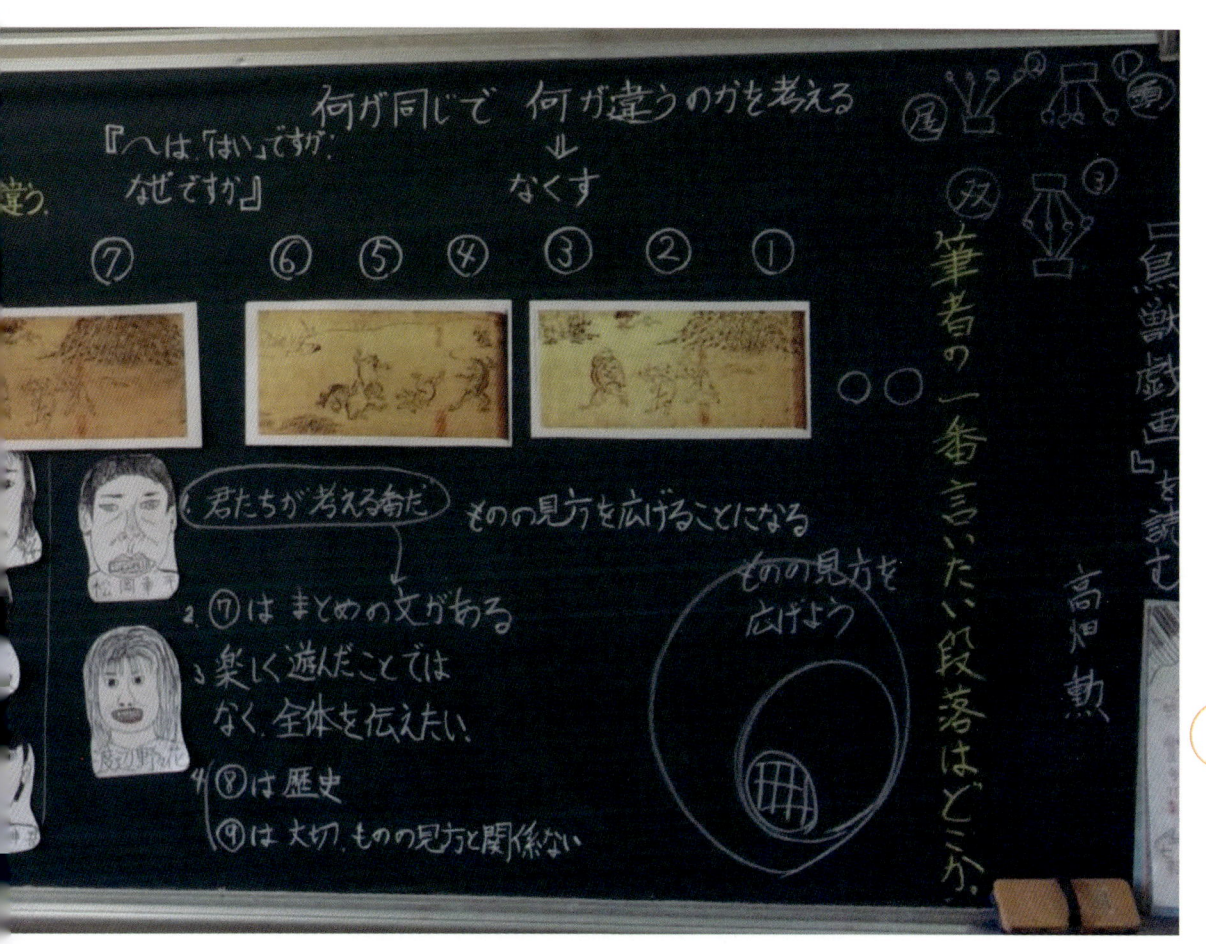

「ね」といいながら仲よく遊んでいる子どもたちでした。

　自分の立場を決めて、そこに自画像画を貼っているところです。自分の立場をはっきりさせて、友達との対話を楽しみます。人になびかない強さが感じられるようになっています。

第2章　言葉で学び合う白熱教室　◆

第2章 言葉で学び合う白熱教室

⑥日本は、食料生産の自給率を上げるべきである。賛成か反対か。

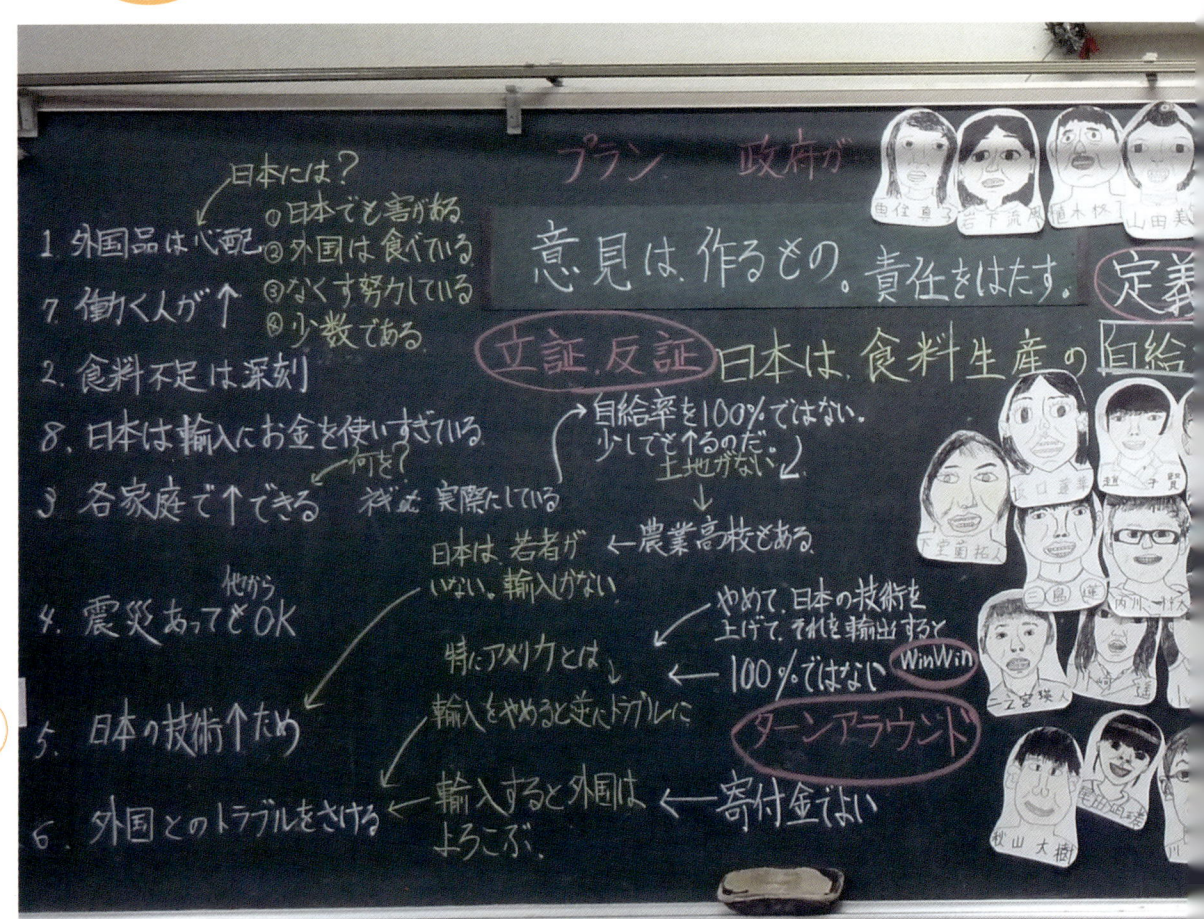

■ 話し合いのねらい
　赤のチョークで書いた内容を指導しました。
・意見は作るもの・・・教科書などに書かれていることだけで思考を止めない
・ターンアラウンド・・・相手の意見の不十分さをつき、逆に自分たちの主張につなげる
・「番」を考える・・・話し合い全体を見て、今は何を言うべきかを考える
・エンドレス・・・相手の意見にすぐに納得せず、意見を考え続ける
　意見の見える化を図って、子どもたちの意見を取り上げながら説明していきました。

■ 話し合いによる成長の姿
　話し合いの流れに沿って、ねらいの4点を説明したので子どもたちの納得度は高かったようです。
　感想にも、「考え続けることの大切さが改めて分かりました。相手の意見が強くても、すぐに納得するのではなく、逆を考えたり、その確かさを疑ったりすることが大切だと分かりました」「ぼくは、『番』ということが一番印象に残りました。意見をただ言うのではなく、全

5年社会科　12月

社会科学習での話し合いです。納得解の話し合いです。互いに主張し合い、反論し合う話し合いを楽しく感じることができるようになってきました。少しずつレベルアップを図りました。

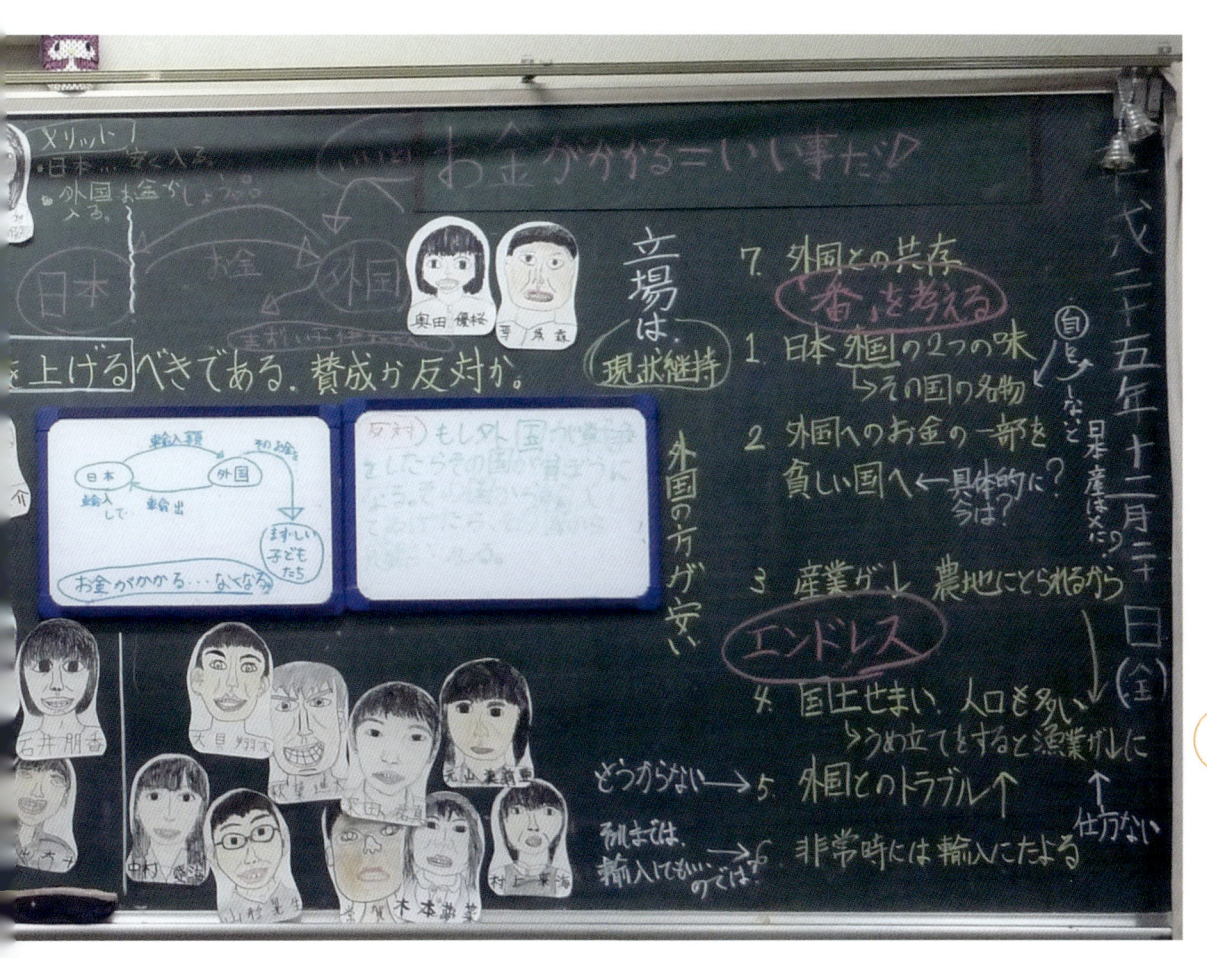

体の話し合いがどうなっているのかを考えることが大事です」といったものが多くみられました。
　この話し合いをきっかけに、「冷静な白熱」という言葉も学級に出てきました。

　考え続ける楽しさ、友達と安心して話し合うことの価値に気づいてきた子どもたちは、普段の学びも落ち着いた深みのあるものへと変わっていきました。
　友達に寄り添いながら学び合う姿も多くみられるようになりました。

第2章　言葉で学び合う白熱教室 ◆

第2章 言葉で学び合う白熱教室
⑦「平和のとりでを築く」

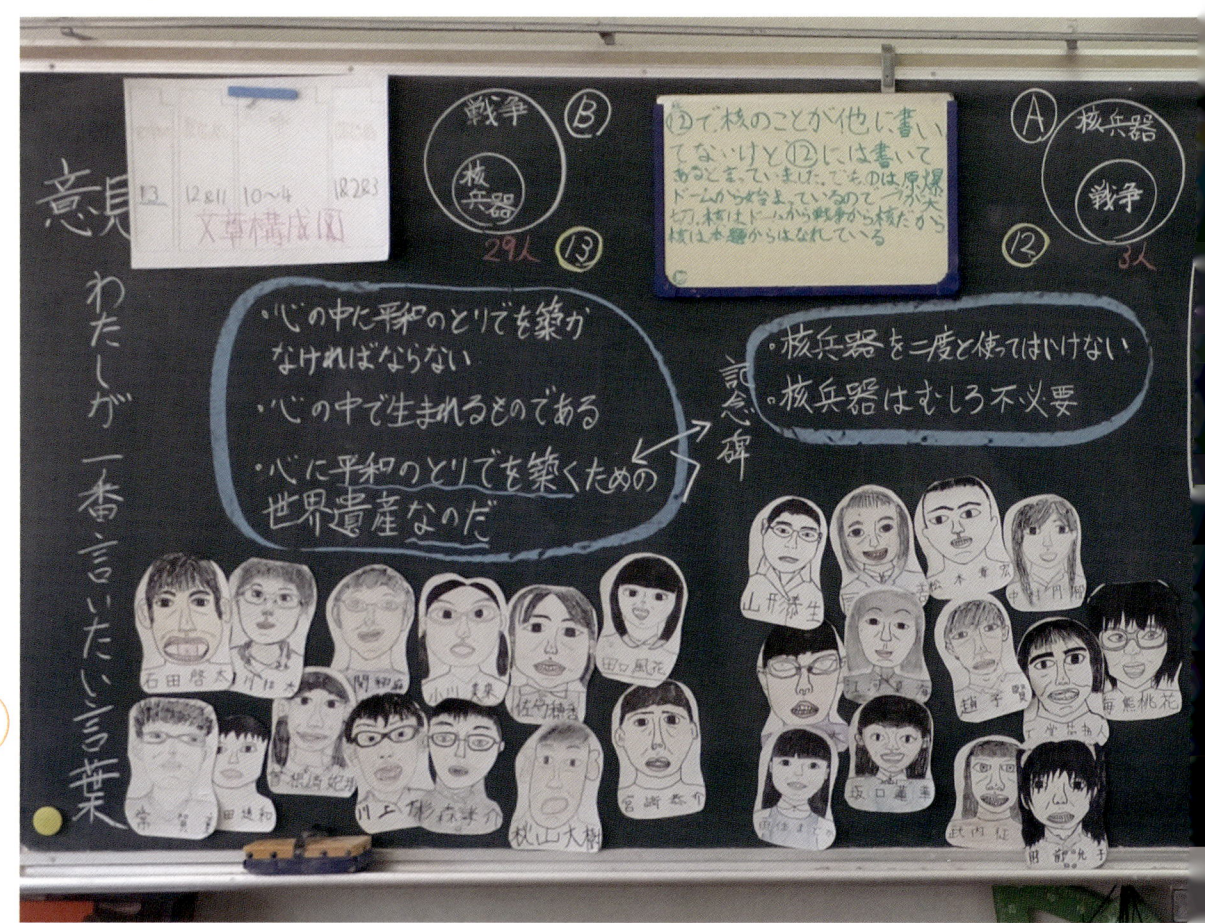

■ 話し合いのねらい
　この学習でも、人と意見を区別すること、言葉を根拠に話し合うことを指導しました。また、根拠を比較して、「負けた」と判断したら潔く意見を変えることも教えました。
　その上で、「説明的文章の文章構成」「事実と意見」「文末表現」「言葉の抽象度」といった指導のポイントを押さえて指導しました。

■ 話し合いによる成長の姿
　絶対解の話し合いですから、正解が決まり決着がつきました。その後のふり返りで、「私の考えは違っていたのですが、勝った時と同じようなさわやかな気持ちです」「以前のような感情的な白熱ではなく、やさしい雰囲気の白熱だったからみんな成長していると思いました」といった感想が多く出ました。
　子ども同士の横の関係が確かなものになってきたからでしょう。「Win・Win」の関係になる話し合いができるようになってきました。

6年国語科　9月　6年生2学期最初の説明的文章の読解です。子ども同士の横の関係を意識してつくり、その上で話し合いを成立させようとした授業です。最後は、子どもたちの意見を整理して、私の方から解を示しました。

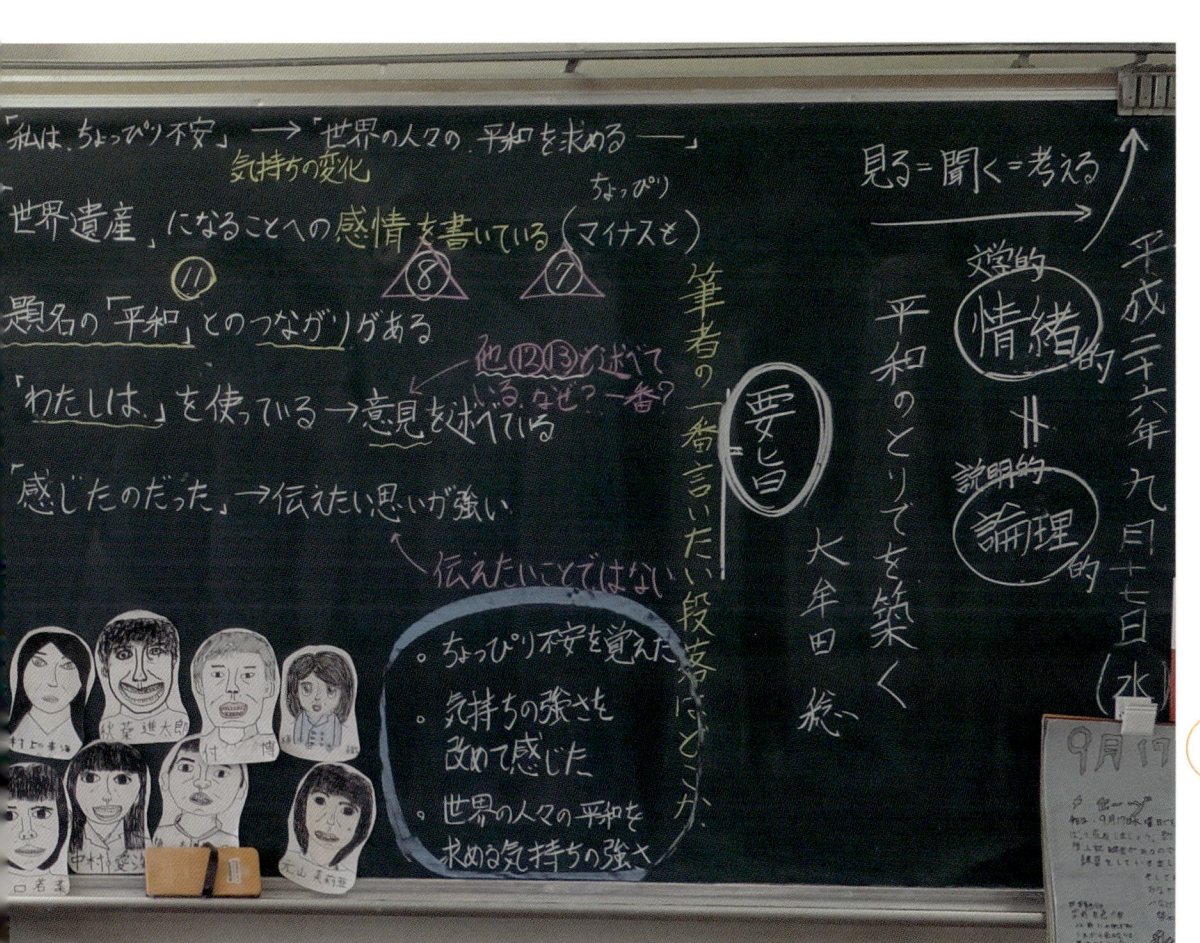

　教室の中を自由に動いて対話をしている様子です。子どもたちは、過去の学習経験やまだ学習していない教材文からも根拠を探し、それらも相手を説得する材料としていました。

　教室の中のいたる所で写真のような姿が見られました。

第2章　言葉で学び合う白熱教室 ◆

第2章 言葉で学び合う白熱教室
⑧国語「大造じいさんとガン」

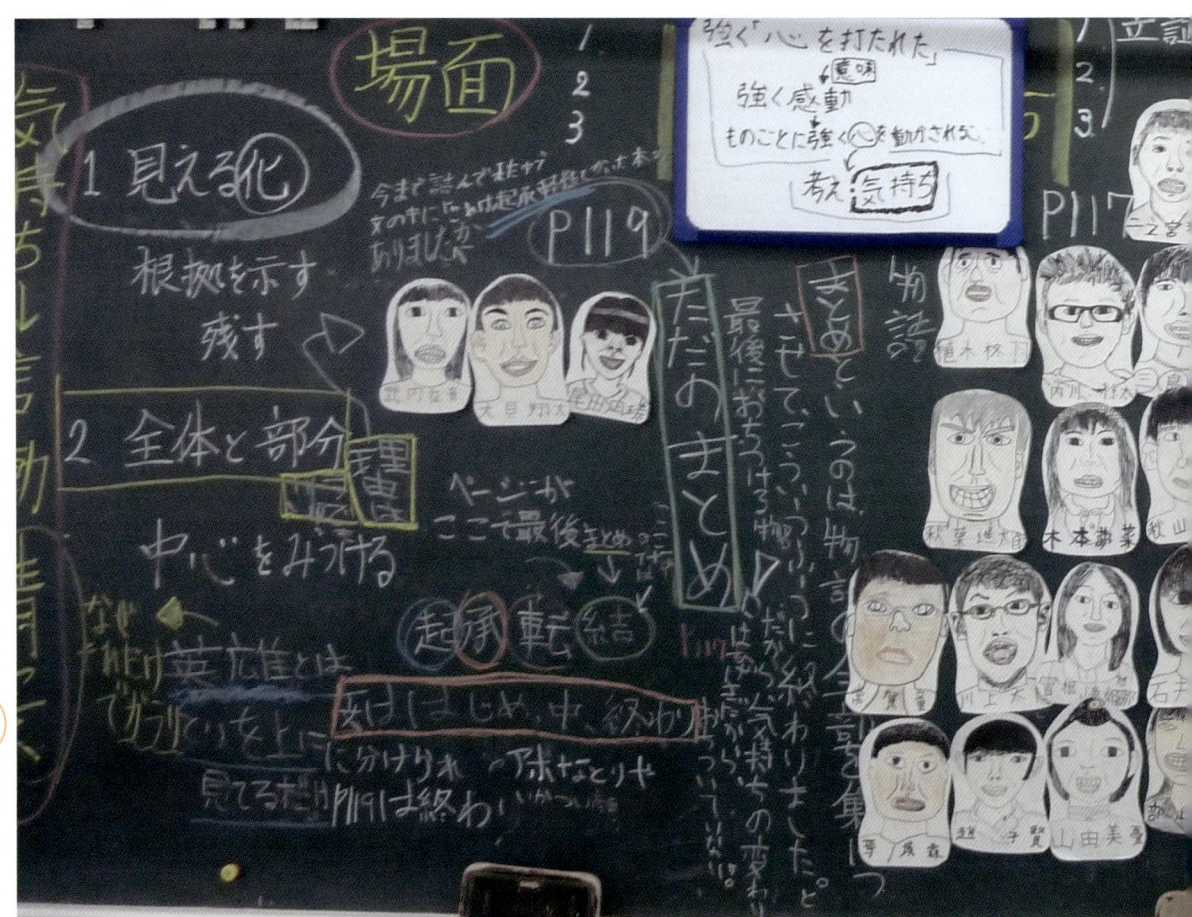

■ 話し合いのねらい
　最終的には、教科書（光村図書）のP117とP119の戦いになりました。お互いのチームで根拠を出し合い、白熱した話し合いになりました。
「意見を見える化すること」「議論の全体と部分を見極めること」を子どもたちには要求しました。
　話し合いの中では、文学作品の読解のポイントを押さえるようにしました。板書にもあるように、「場面」「視点」「言動」「情景」「起承転結」といったキーワードで理解を深めさせました。

■ 話し合いによる成長の姿
　この単元での子どもたちは、ミニホワイトボードや画用紙に意見を書いて提示するだけではなく、黒板にも自発的に書き込んだり、話し合いの進行を進んで行ったりしました。
　自分たちだけで意見を噛み合わせ、相手との差異を明確にして白熱した話し合いを楽しみながら進めていきました。対話をとおして考えを深め、一緒に「正解」にたどり着く学びを全員で目指していました。

5年国語科　11月

5年生で学習する文学作品「大造じいさんとガン」での話し合いです。テーマは、「大造じいさんの気持ちがガラリと変わったところはどこか」です。「決着」がついたときの板書です。

学習後の感想に、「勝ち負けも大切だけど、そんなことよりもみんなが自分なりの意見を出し合って、深い理解を目指していたところが私たちの成長だと思う」というものがありました。

自分たちのチームの意見づくりや相手チームの意見への反論づくりでは、教室を飛び出して対話が行われました。それをとおして、文学のもつ面白さも理解していったようです。決着がついたあとも、「まだ続きをしたい」という声がたくさん聞かれました。

第2章　言葉で学び合う白熱教室 ◆

第2章 言葉で学び合う白熱教室
⑨ディベートを楽しもう

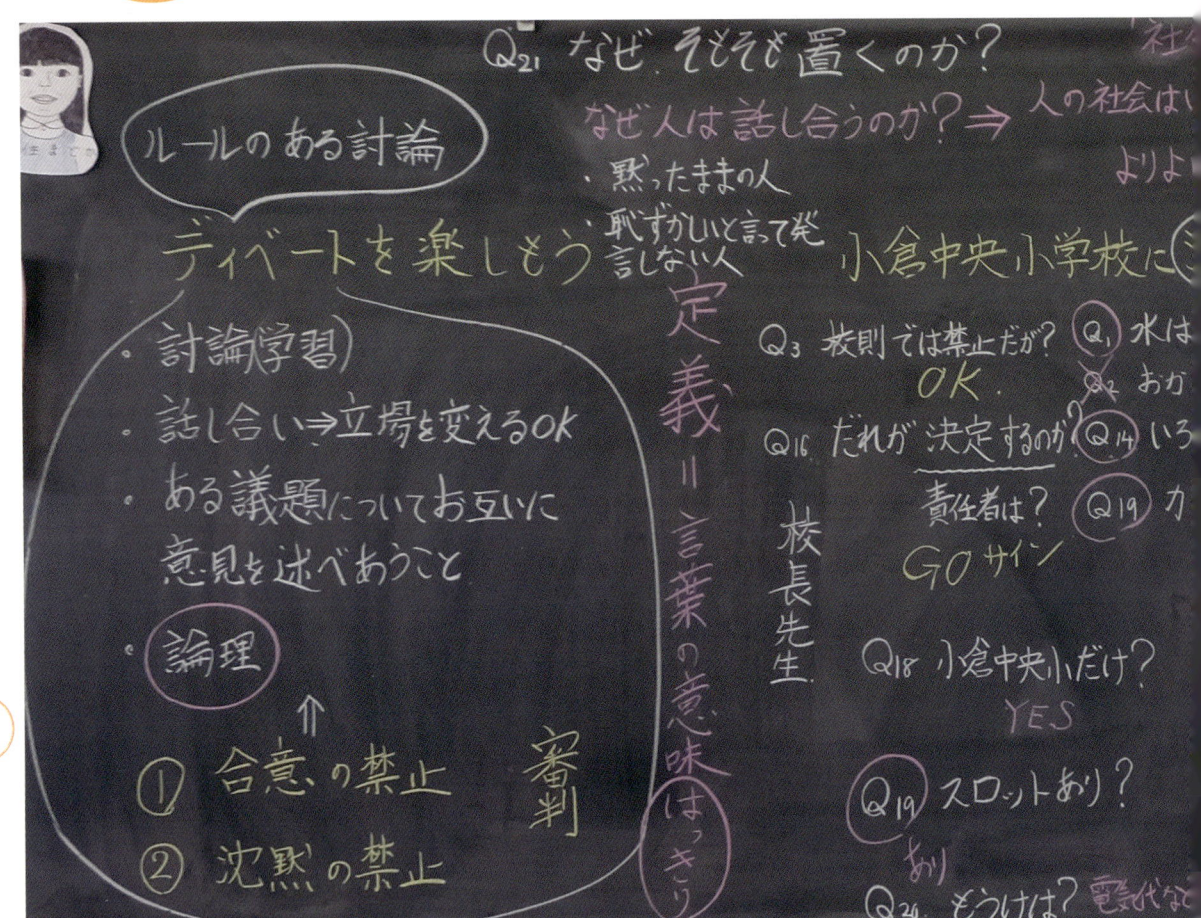

■ 話し合いのねらい

　まず、ディベートの価値やルール、全体の流れを指導しました。

　原始的なルールでもある、「合意の禁止」「沈黙の禁止」という2つのルールを押さえ、論理的に考える力がつくこと、問題解決の思考が鍛えられることも教えました。

　そして、論題の言葉について質問を受け、全員で共通理解を図りました。

■ 話し合いによる成長の姿

　子どもたちは、ディベートが単なるゲームではなく、自分たちにも必要な物事を考える力や問題に取り組む姿勢に役立つものだという気持ちになったようです。また、ただ意見を言えばよいというものではなく、その話し合いをより噛み合ったものにするためにも、言葉を共通に理解しておかなければならないということの意味も理解していったようです。

　その後に行ったディベートは、どの試合も白熱しました。子どもたちも自信を持ったようでした。

6年　6月

ディベートという話し合いの概略を説明しました。ディベートの論題は、「小倉中央小学校にジュースの自動販売機を設置するべきである。賛成か反対か」です。論題を示し、言葉の定義を全員で話し合って決めていきました。

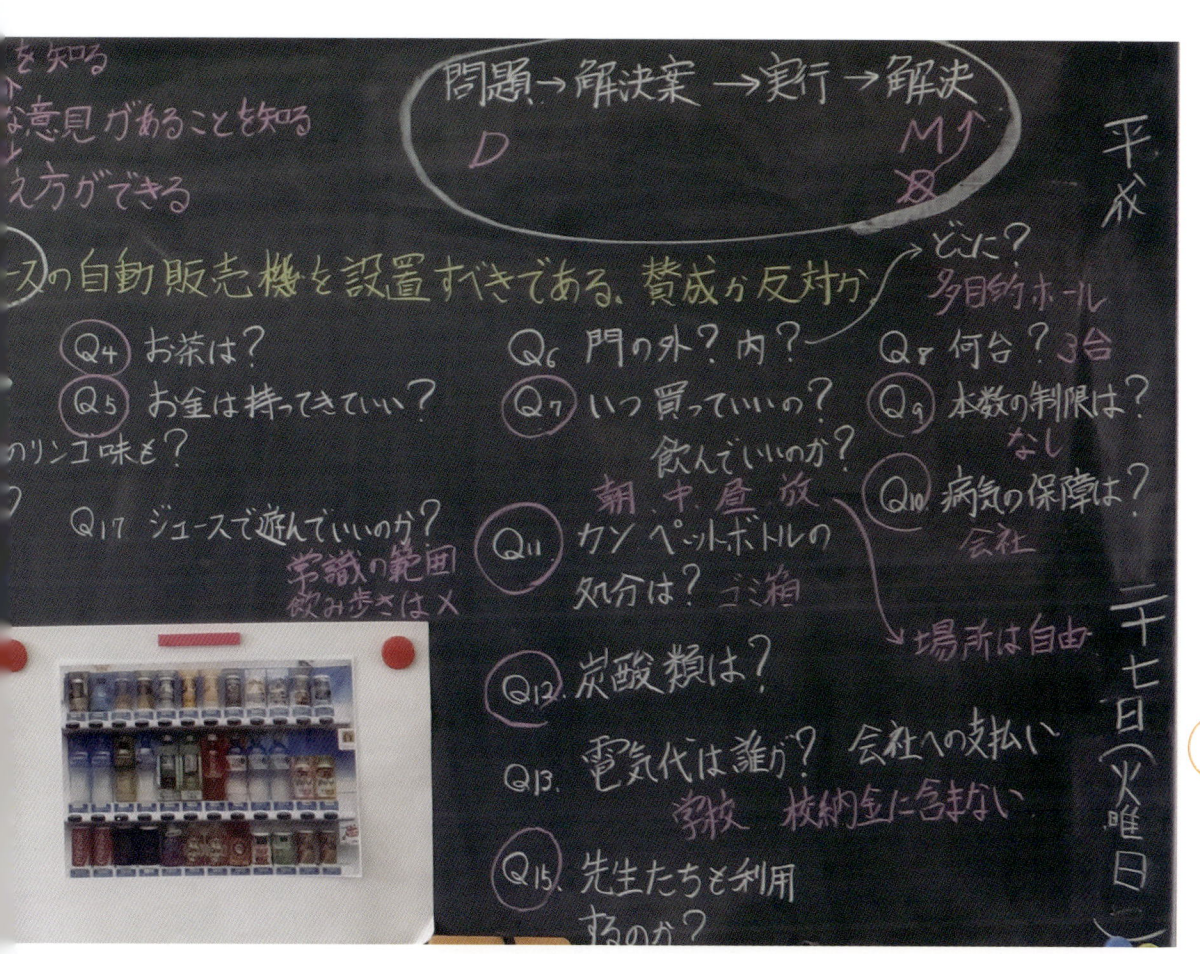

ディベートの試合は、トーナメント戦で行いました。勝って泣き、負けて泣きの真剣勝負を楽しんでいました。ディベートのもつさまざまなルールの意味を体験をとおして学んでいきました。

第2章　言葉で学び合う白熱教室 ◆

第2章 言葉で学び合う白熱教室
⑩学級会「楽しい修学旅行にするための計画を立てよう」

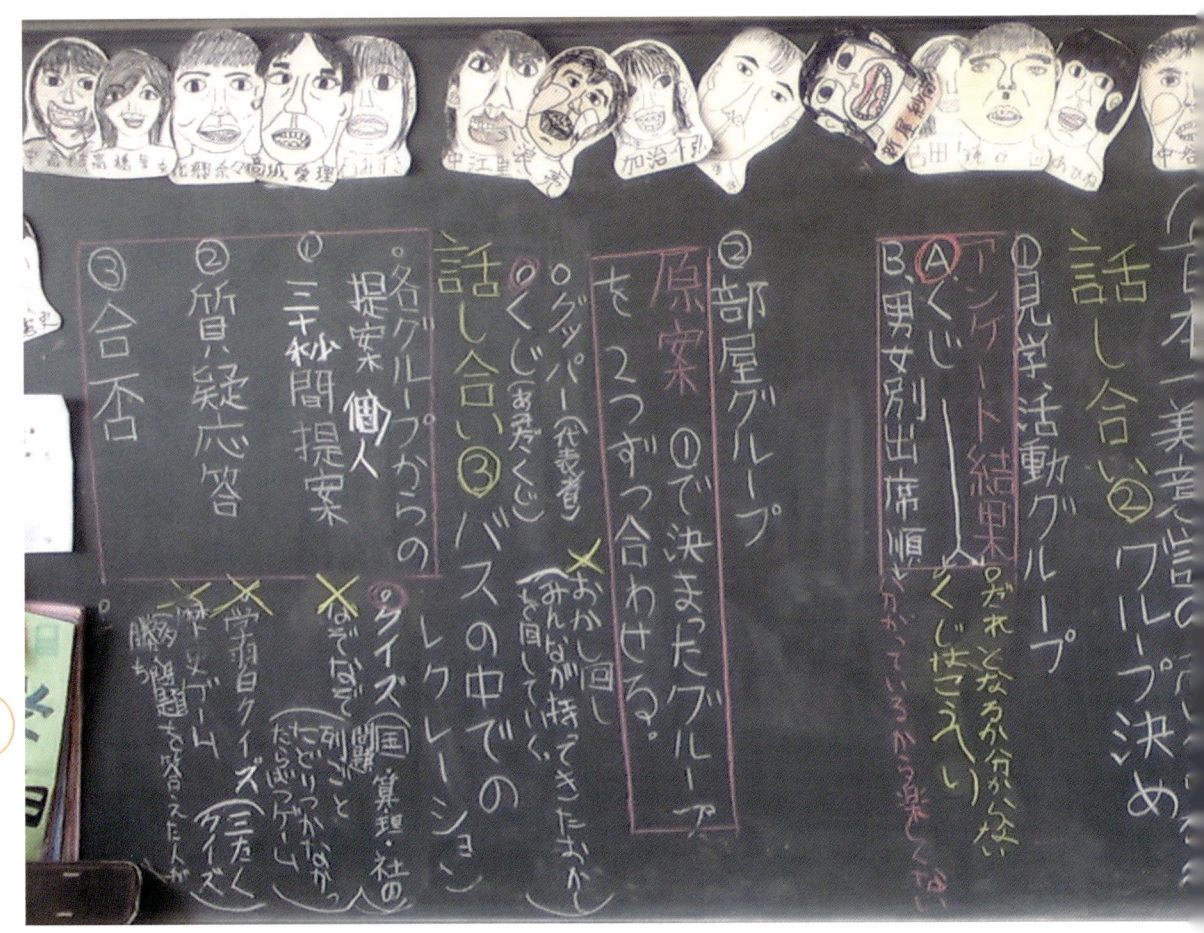

■ 話し合いのねらい
　話し合いの柱が3つある学級会でした。時間的なことを考えて、原案を司会団に出させて、それを検討するという話し合いを体験させました。
　事前に子どもたちには、話し合いには、「アイデアを出す」「何かを決める」ために参加するのだ、ということを伝えていました。参加者としてのこの2つの責任を果たすようにさせました。

■ 話し合いによる成長の姿
　子どもたちは、話し合いの目当てを意識して参加していました。うなずいたり拍手をしたりといった「見える聞き方」が随所に見られました。賛成反対の立場をはっきりさせて意見を言っていました。
　実際の修学旅行では、決めたグループで仲良く見学し、バスの中のレクレーションを楽しみ、思い出に残る1泊2日を過ごすことができました。「日本一美意識の高い修学旅行」というみんなの目当てを達成していました。

6年　6月　修学旅行の学級目標と見学グループ、バスの中のレクレーションを決める学級会です。話し合いが活発になるように、「見える聞き方をしながら発言をする」という『話し合いの目当て』も事前に決めていました。

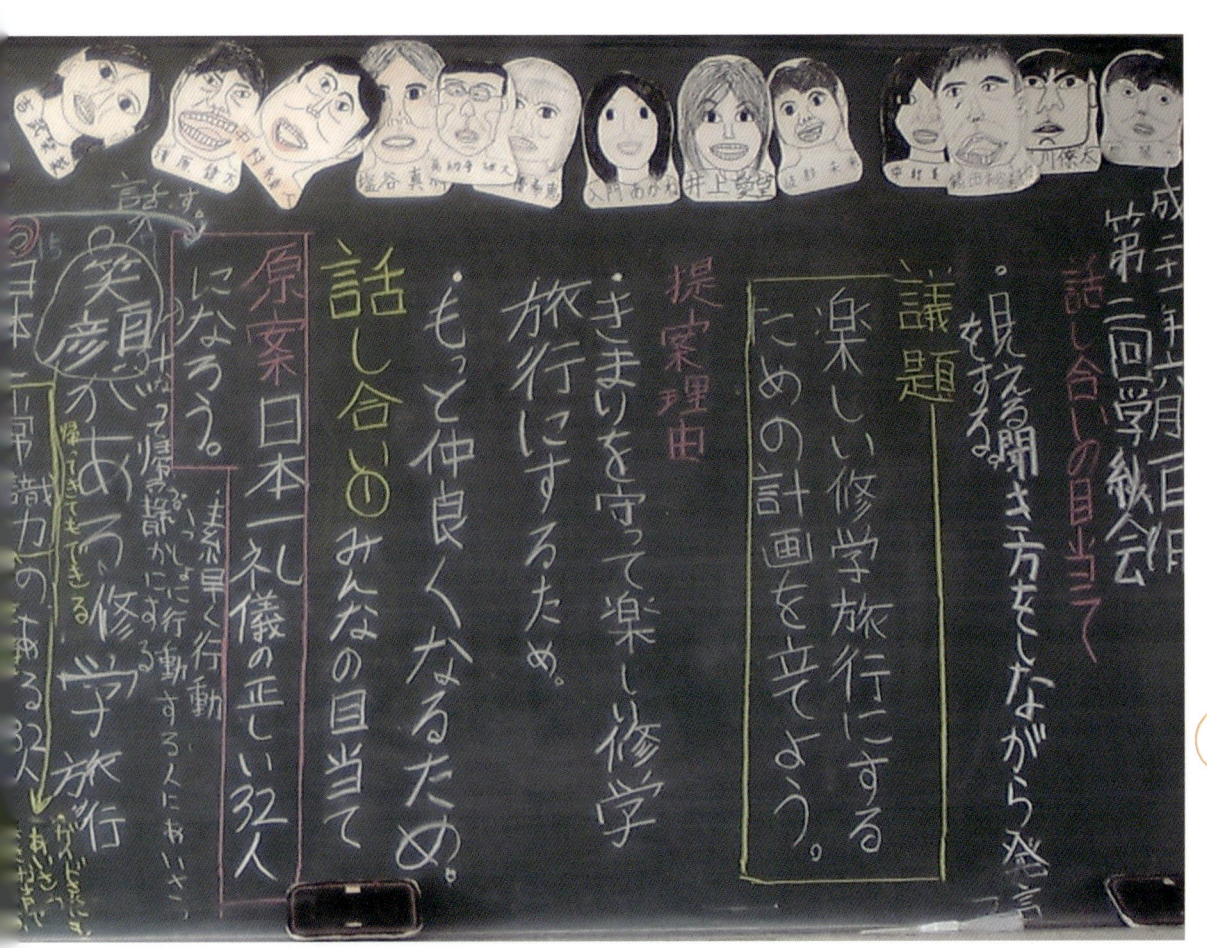

「みんなのことはみんなで話し合って決めたり修正したりする」というこの全員参加の決定方法は、その後卒業まで続きました。

話し合いでは、「出席者ではなく参加者になろう」という価値語が生まれました。責任を持って発言すること、決まったことには従うこと、・・・集団の一員としての望ましい態度が育ってきました。健全な仲間意識を大切にし合う雰囲気の学級になりました。

第2章　言葉で学び合う白熱教室

第3章 言葉を大切にした「白い黒板」

内藤慎治

第3章 言葉を大切にした「白い黒板」

○子どもと学級が育つ「白い黒板」

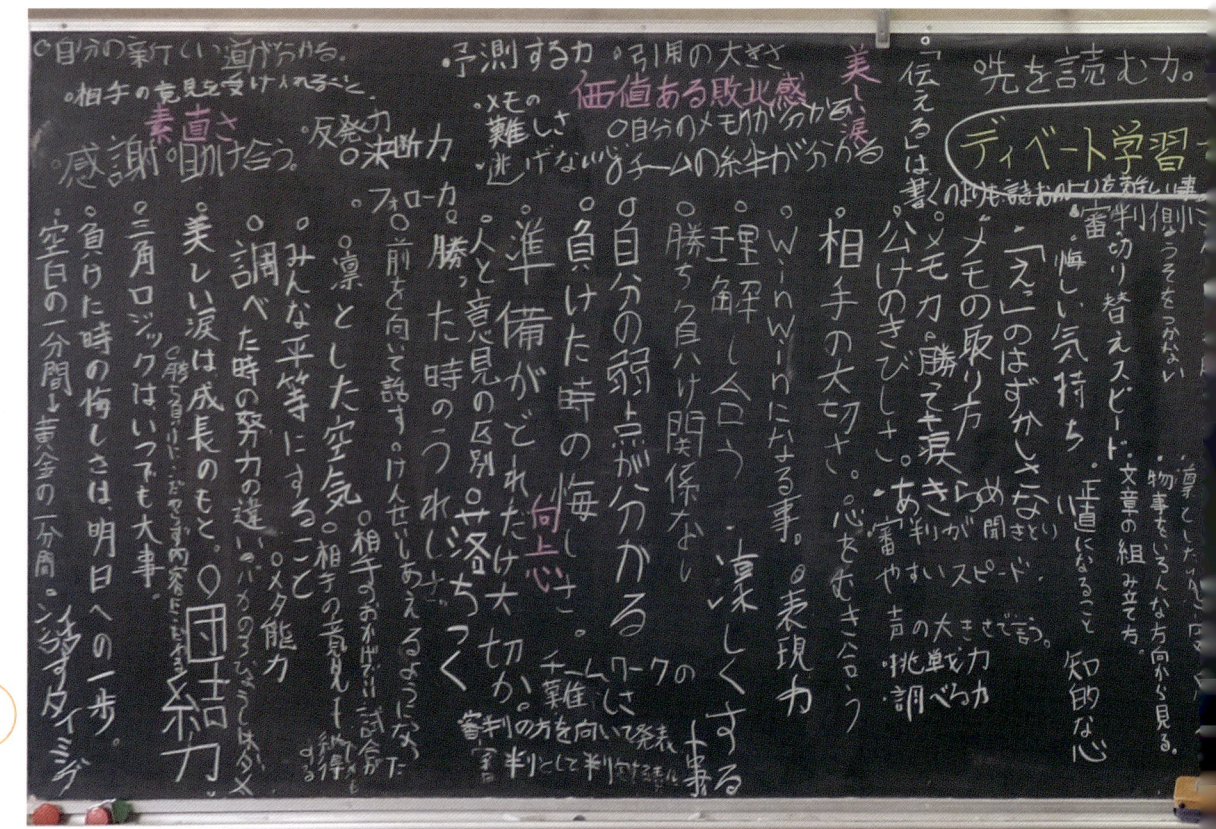

■「白い黒板」とは

　教師や子どもから出た課題に対して、子どもの考えを視覚的に黒板に表し、それをもとに新たな目的や目標を構築していくものです。白い黒板をつくったあと、全員の意見を聞いたり、見たりして、新たな自分の考えをノートに書き出させ、教師がコメントを書きます。これにより、公を意識した子どもが育ちます。また、教師と子どもをつなぐ手立てにもなります。

■「白い黒板」を書き始める前

　課題に対しての考えをノートなどに書かせ、ペアやグループで話し合いを行います。その考えを列ごとや班ごとに黒板に書かせます。

■「白い黒板」を書き終えたあと

　「白い黒板」を見て、どう思ったか、考えたか、これからどうしたいかなどの視点を与え、ノートに書かせます。ノートを集めたら、先生のコメントを書きます。

下の写真は「ディベート学習で学んだこと」を振り返り、黒板にそれぞれの考えを書いたものです。これだけの考えを書くことができるのは日常を大切にしている子どもと教師がいるからです。

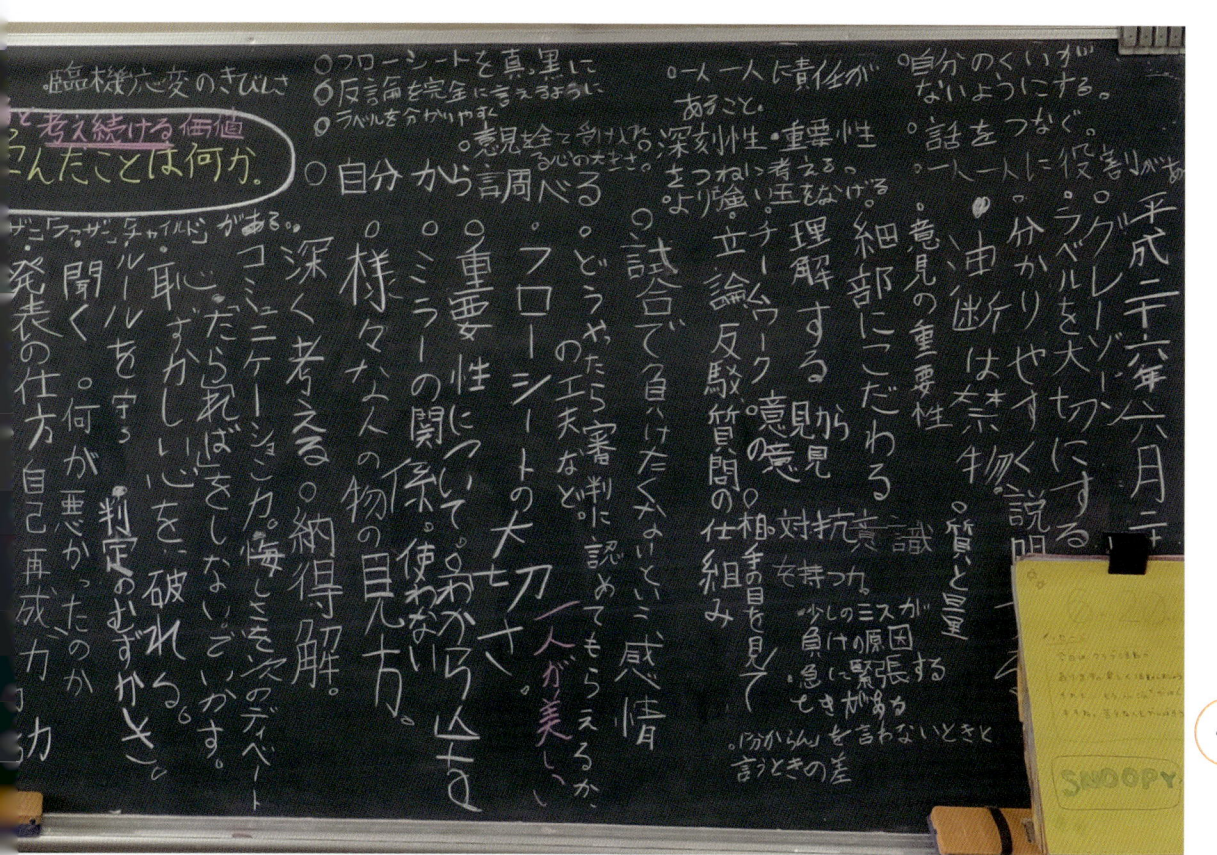

■「白い黒板」を実施する効果
①みんなで考えることの価値に気づくようになる。
②個々の考えを大切にするようになる。
③「話し合えば１＋１＝２ではなく、３にも４にもなる」ことを実感することができ、話し合いを好きになる。
④よい意見を素直に受け入れ伸びようとする子どもが育つ。
⑤考えをきちんともった子どもが育つ。
⑥ノートを活用することで教師と子どもをつなぐ(縦糸)ことができる。
⑦多様な考えを受け入れられるようになる。
　「白い黒板」では、学級全員の考えを視覚的に表現することができるので、個の考えを無駄にするということがありません。一部の子どもの発表で終わってしまうということが減ります。
　「白い黒板」が完成することに、子どもたちは喜びを感じるようになります。みんなの意見が反映された黒板は子どもたちにとってもうれしいのです。

第3章　言葉を大切にした「白い黒板」◆

第3章 言葉を大切にした「白い黒板」
①「五年一組」は成長するだろう

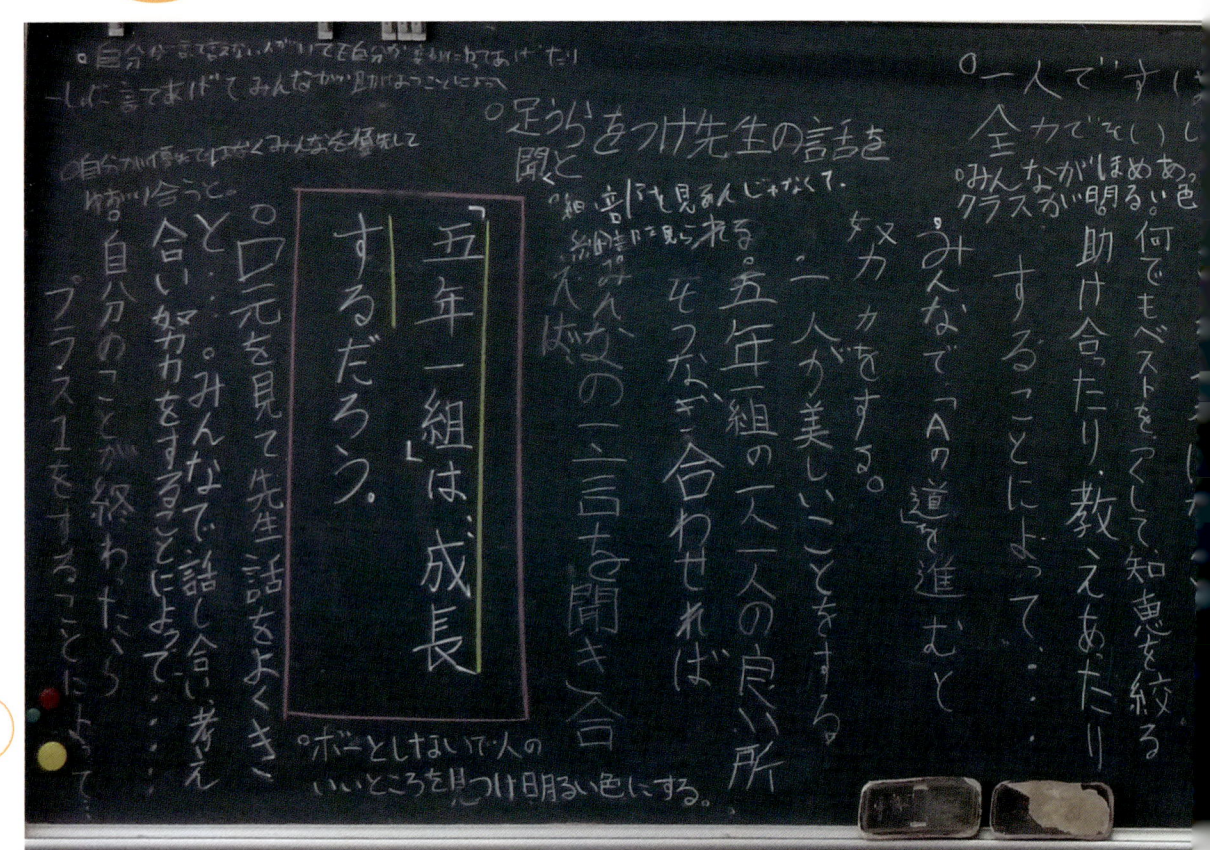

■ 話し合いのねらい

　6月頃には学級の雰囲気も落ち着き、次の成長段階に進める時期です。この時期に、1年間を見とおし、「どのようなことをすることが学級の成長につながるのか」を考えさせることは大切です。子どもたちは、何をすれば学級が成長するのか分かっていません。だからこそ、その部分に「気づかせる」必要があります。まずは、何をすればよいか「気づかせる」ことが大切なのです。そして、「思いを行動に」という考えをもたせていくのです。

■ 話し合いによる成長の姿

　この話し合いにより、成長するための言動を意識するようになります。子どもたちは成長したい、変わりたいと思っています。成長するための内容を明確にせず日々を過ごすと、子どもたちは目標を失い、荒れていく可能性があります。自分や学級の成長のために何を、どのように行う必要があるのかを考えさせることによって、日常の姿は大きく変わります。子どもの姿を認め、ほめ、価値づけていくことで、仮説を具体的な行動に移す動きを始めます。

実施時期 6月 　日頃から何をすれば学級がよくなるのか、考えをもたせておくことは大切です。それを視覚的に明確にし、事後の言動を認め、ほめ、継続させる。そうすることで、集団と個を大切にする人間が育つのです。

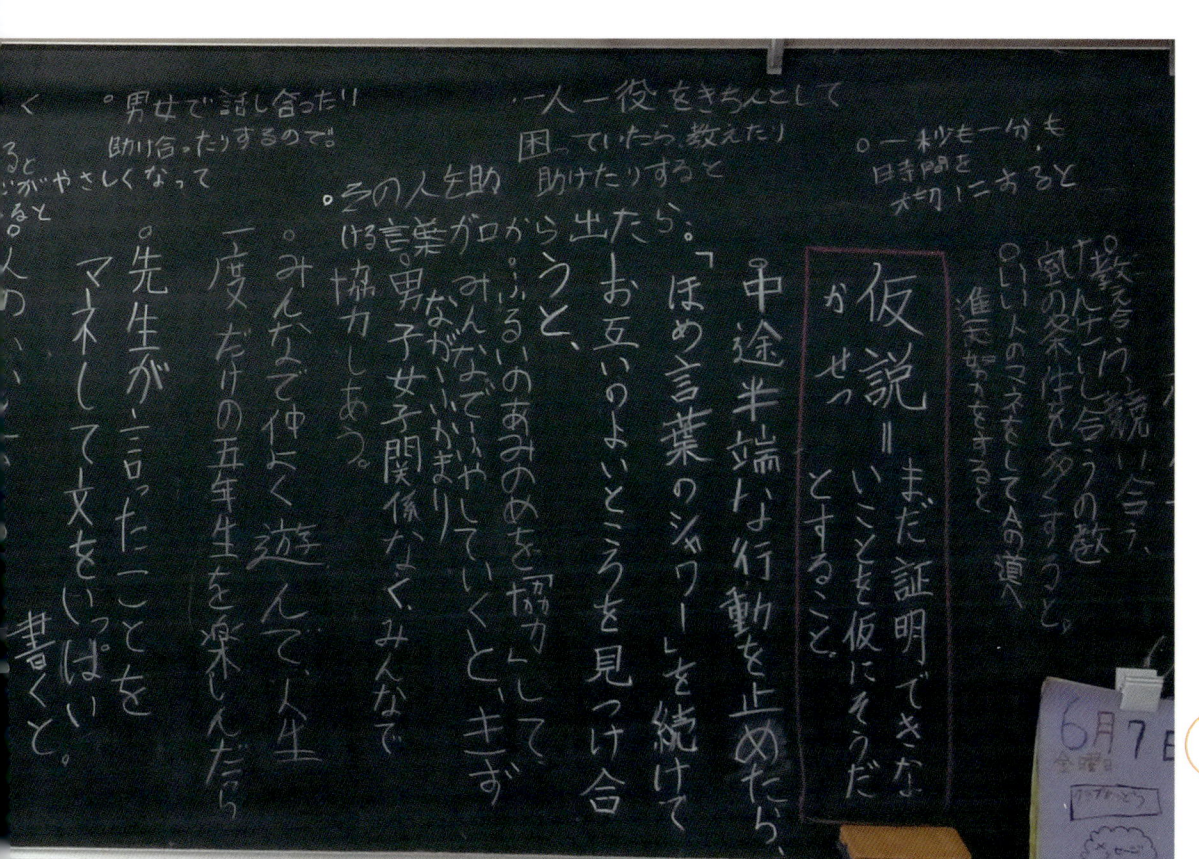

黒板：

- 男女で話し合ったり助け合ったりするので
- 一人一役をきちんとして困っていたら、教えたり助けたりすると
- 一秒一分も時間を大切にすると
- その人を助ける言葉が口から出たら。
- 教え合い、話し合いを続けうの数が増えたり、いい人のマネをしてＡの真似をすると

仮説＝まだ証明できないことを仮にそうだとすること

- 中途半端な行動を止めたら、「ほめ言葉のシャワー」を続けて、お互いのよいところを見つけ合うと、
- ふるいのあみのめを協力して、みんながいがみ合いながらやっていくと、キズだらけの五年生を楽しんだら、
- 男子女子関係なくみんなで協力しあう。
- みんなで仲良く遊んで、人生一度だけの五年生を楽しんだら
- 先生が言ったことをマネして、文をいっぱい書くと。

6月7日

43

　相手を大切にして話し合いを行っている姿です。話し手も聞き手も互いに相手の目をしっかりと見ています。「『五年一組』は成長するだろう」というテーマで話し合いを行ったことで、「成長」というキーワードを日常的に意識する子どもが増えました。

第3章　言葉を大切にした「白い黒板」◆

第3章 言葉を大切にした「白い黒板」

②「ほめ言葉のシャワー」をもっとよりよいものに

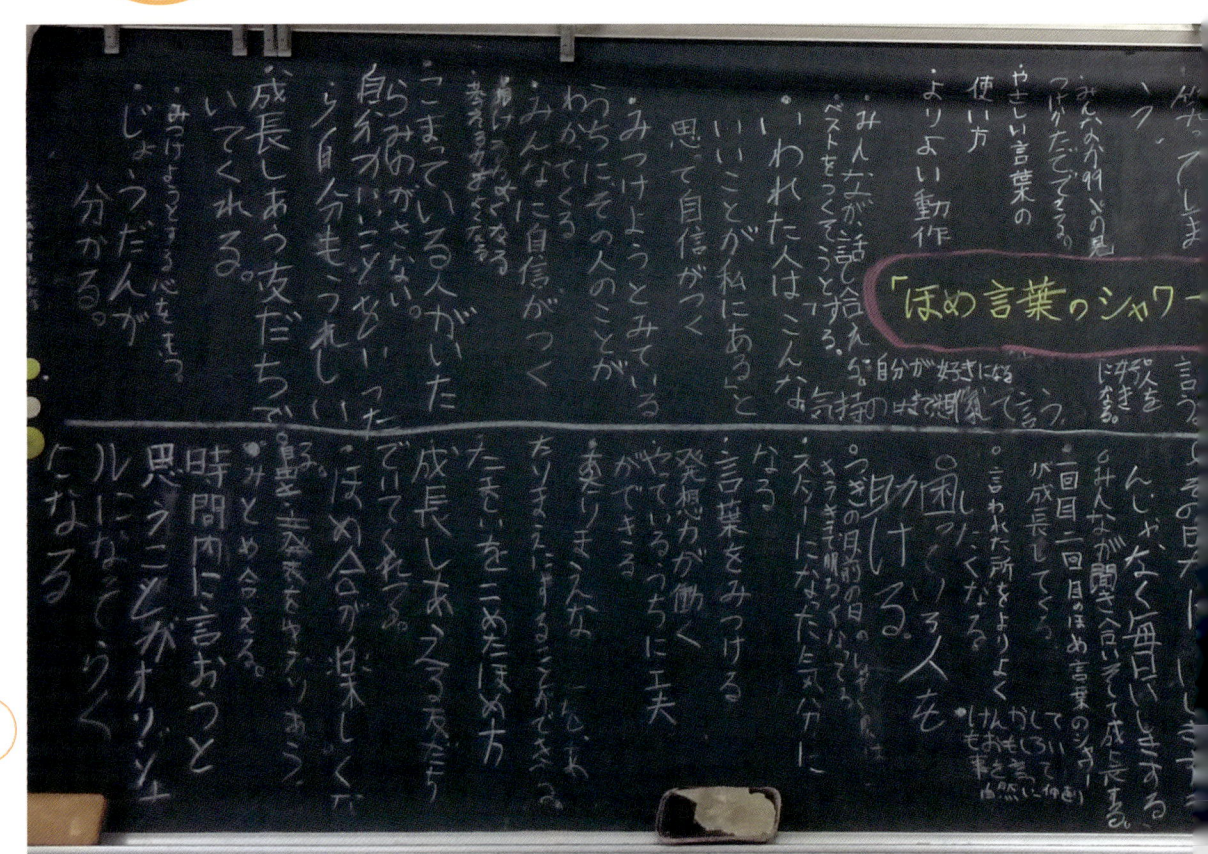

■ 話し合いのねらい

「ほめ言葉のシャワー」とは、菊池学級で毎日行われている全員で一人をほめる活動です。「ほめ言葉のシャワー」を始めて約1か月。「慣れる」「2巡目に入る」そのような時期に「もっとよりよいものにするにはどうしたらよいのか」について考えさせます。そうすることで子どもたちの成長スピードが加速するからです。この話し合いで、学級の人間関係の土台が形成されるとともに、「話す・聞く」の力が大きく伸びるきっかけにもなります。

■ 話し合いによる成長の姿

この話し合いをすると、子どもたちは自分や学級に何が足りないのかを理解し始めます。話し合ったあとに、次の目標を決めさせることで、「ほめ言葉のシャワー」のレベルは格段にあがります。「友達の近くに動く(相手軸)」「(事実＋内容＋価値づけ)に合った言葉を言うようになる」「日常において友達のよさをよく見るようになる」など具体的な姿が見られるようになります。学級の土台である人間関係の温かさも溢れだします。

実施時期 6月 子どもたちの成長段階や時期を見ながら、次のレベルに進むための方法を考えさせます。「何を・どうすれば」を考えさせることが一つのポイントです。ほめ言葉のシャワーで学級の人間関係の土台が形成されます。

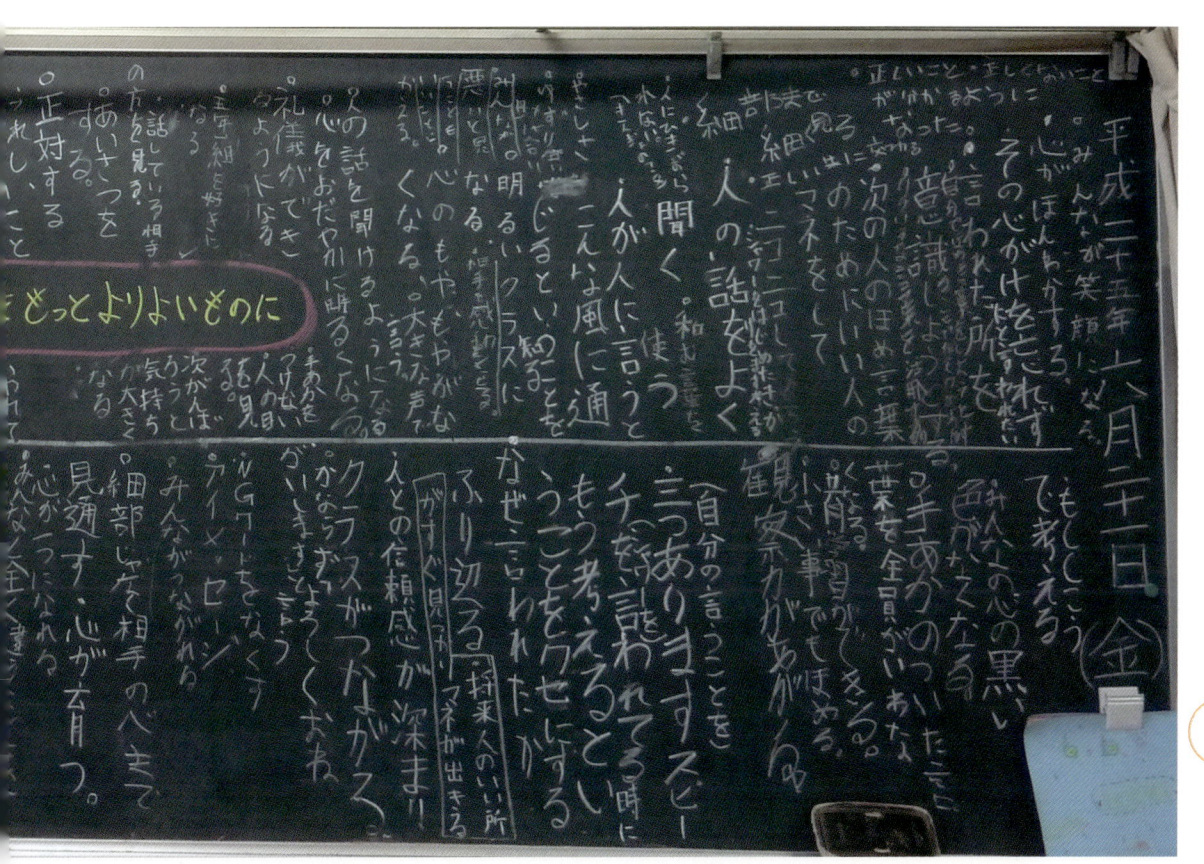

　子どもたちのちょっとしたしぐさに尊さを感じます。写真は、「ほめ言葉のシャワー」を浴びた子どもが最後のスピーチをしているところです。「がんばったね」「すばらしかったね」「またいっしょに…」といった気持ちで聞いている女の子が拍手の準備をしている瞬間です。
　子どもたちの成長はこのような姿からも伺えます。

第3章　言葉を大切にした「白い黒板」◆

第3章 言葉を大切にした「白い黒板」

③質問タイムを続けると…

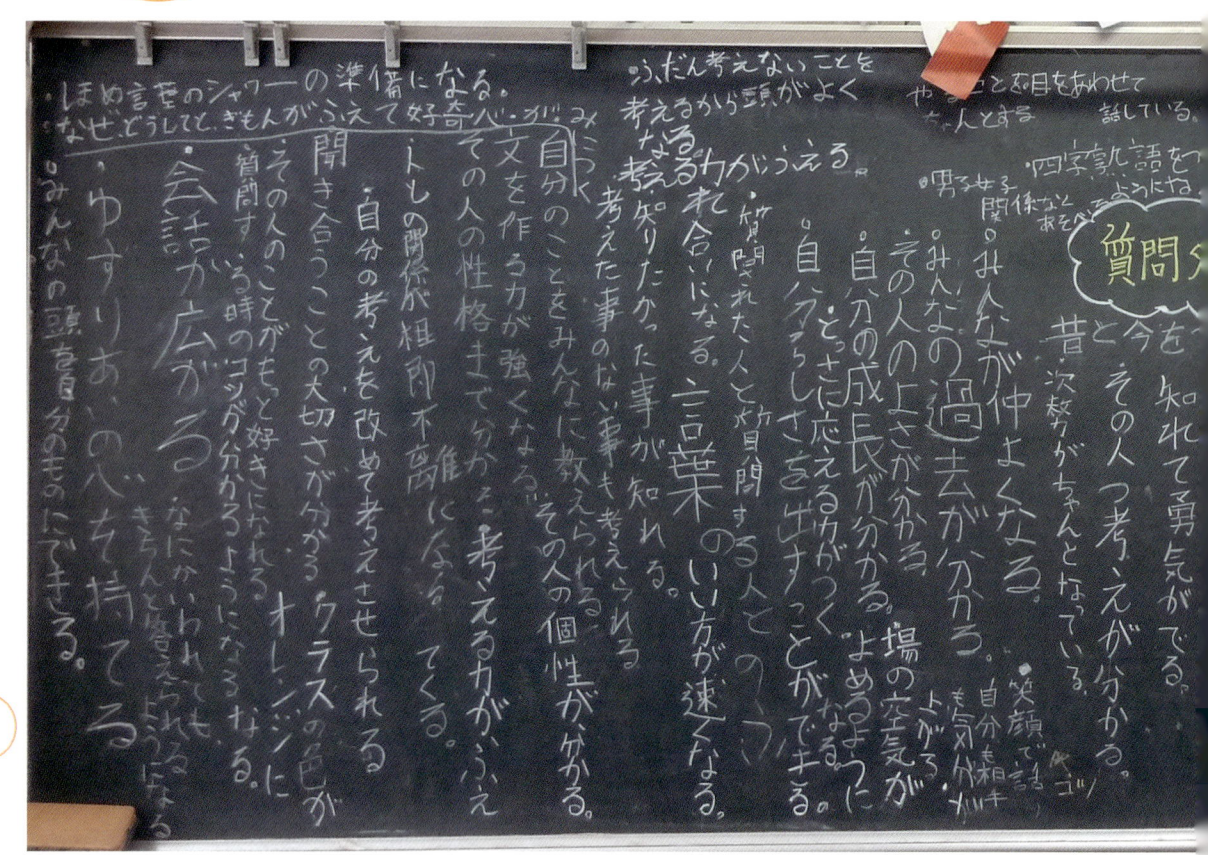

■ 話し合いのねらい

　菊池学級で5月に始めた質問タイム。子どもたちの中でよい意味でも悪い意味でも「慣れ」が出てきます。そこで、「質問タイムを続けるとクラスや自分がどのように変化するのか」ということをプラスの面から考えさせます。質問は、互いの立場や考えを尊重し、相手によい意味で興味を示し、理解しようとすることにもつながります。そして、質問力が育つということは、学習指導要領に示されている「伝え合う力」が育つことにもつながるのです。

■ 話し合いによる成長の姿

　「なぜ、質問タイムをする必要があるのか」「質問タイムをすることで自分にどのようなよさがあるのか」について子どもたちが理解します。よさを理解して行う質問タイムにより、取り組む姿勢や意識が大きく高まります。質問はコミュニケーションの大切な役割を担っています。子どもたちは質問タイムによって学んだ質問の質の高さを維持して各教科に取り組むようになり、「メモを取る」など質問に付随した力も身につけていきます。

実施時期 6月

質問することで、相手を知り、考えを知り、ものごとを知ることができます。授業だけではつけることが難しい質問力を、年間をとおして行う質問タイムで育てます。社会で生きるコミュニケーション能力が育つのです。

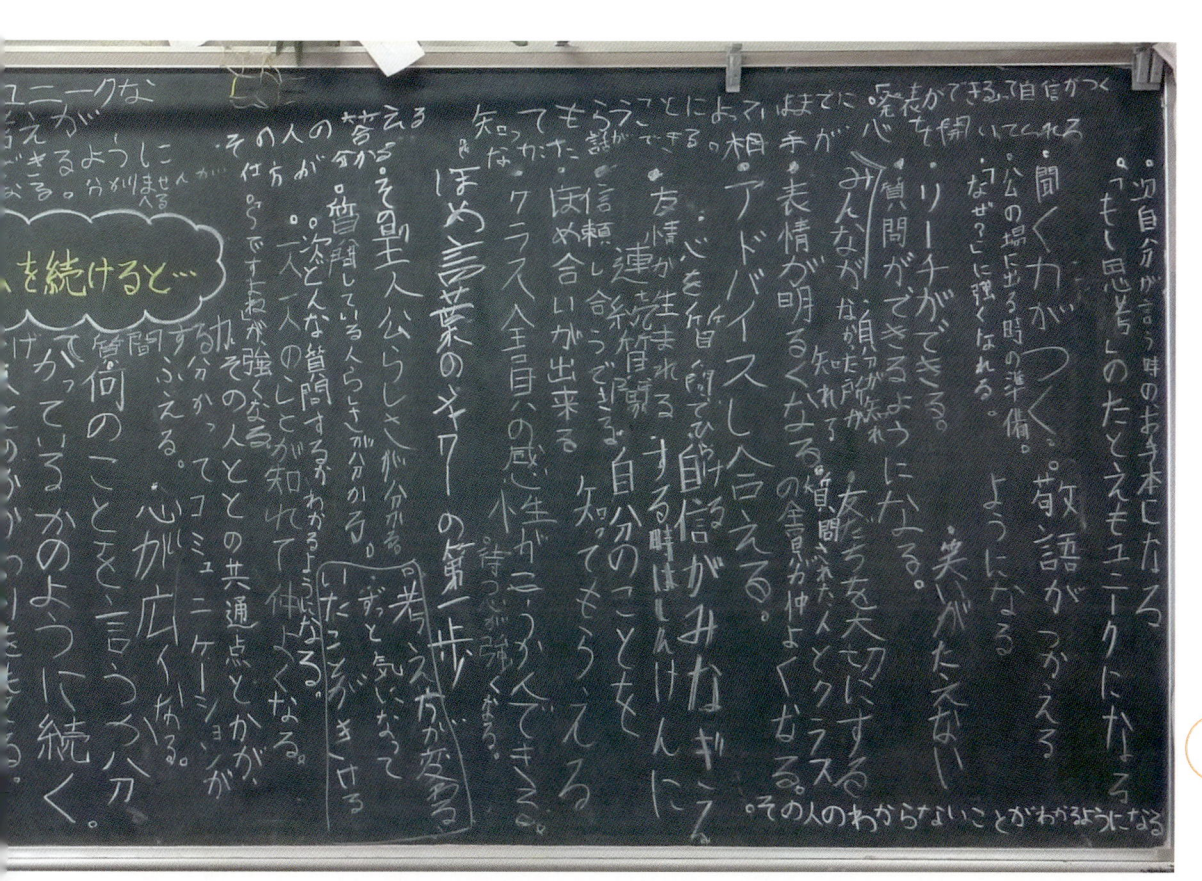

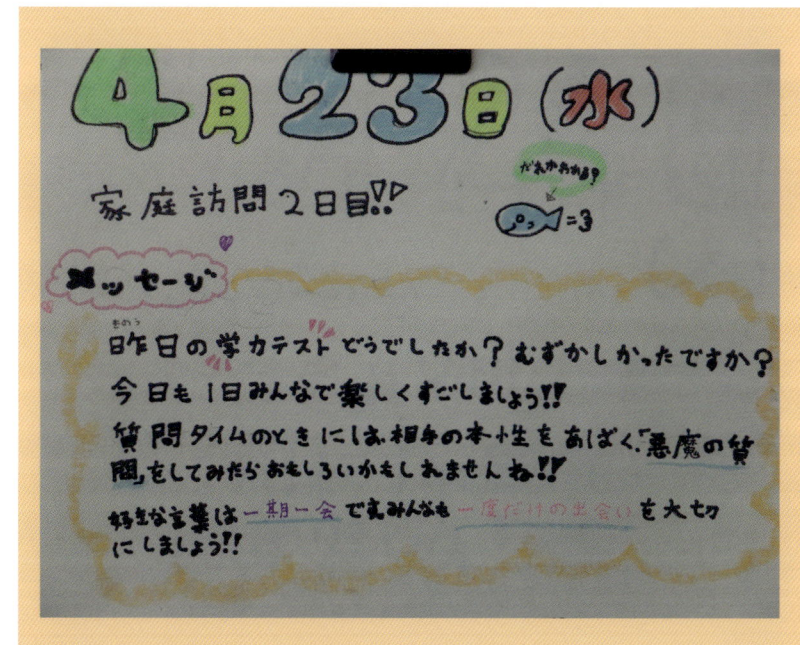

写真は、明日の主人公の日めくりカレンダーです。「悪魔の質問」という言葉にグッと思うことがあります。これを書いた子は、素直で明るい女の子です。新しい学級になり、仲良くなりたい＝分かり合いたいという気持ちがいっぱいの女の子です。相手の考えをより理解する質問を準備している様子が伺えます。

第3章　言葉を大切にした「白い黒板」

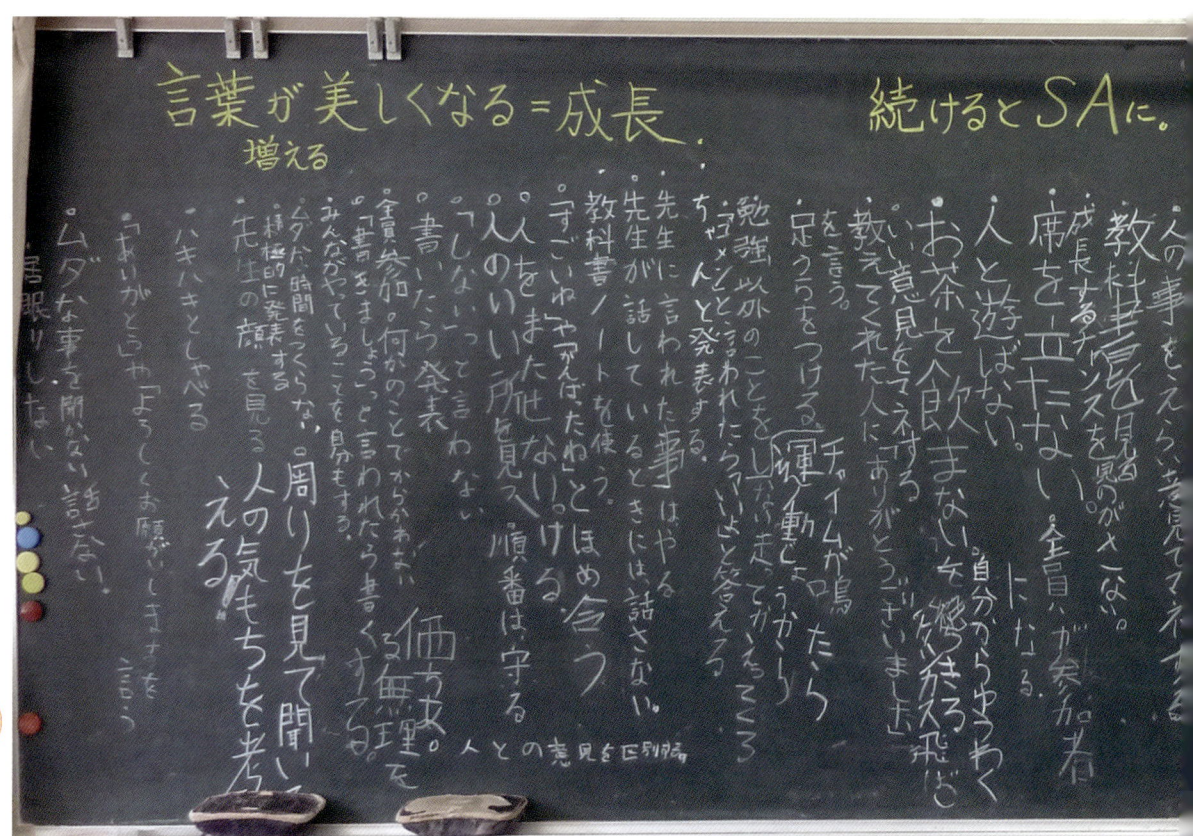

第3章 言葉を大切にした「白い黒板」
④学習規律

■ **話し合いのねらい**

「学習規律」とは、「学習中の行いのもとになる決まり」であり、「法律・礼儀・ルール・マナー」に通じるものです。9月は仕切り直しの時期です。この時期に改めて「学習規律」という言葉を用いて、自分の目指す姿を明確にさせることは、2学期、3学期に大きく成長するための土台づくりにつながります。土台である型を身につけさせることで、自主的に動いても大きくぶれない子どもが育ちます。まずは、基本を定着させ、それを継続的に行わせるのです。

■ **話し合いによる成長の姿**

「学習規律」を意識させることで、学級がよい意味で引き締まります。一つのルールを破ることを認めているとそこから崩れていく可能性があります。「守るべきルールは絶対に守る」この信念と覚悟は教師がもつべきです。「学習規律」が身につくと学習においてもよい影響が出てきます。対話を大切にした授業においても大きく規律を乱すことなく、話し合いがスムーズに行われるようになります。学級の土台づくりの大きなポイントです。

実施時期　9月

「学習規律」を守ることは、社会（公）に出て法律を守ることと同じことであるという価値を伝える必要があります。そして、「学習規律」が身についているかを考えさせます。この継続が「安心」のある学級を生み出すのです。

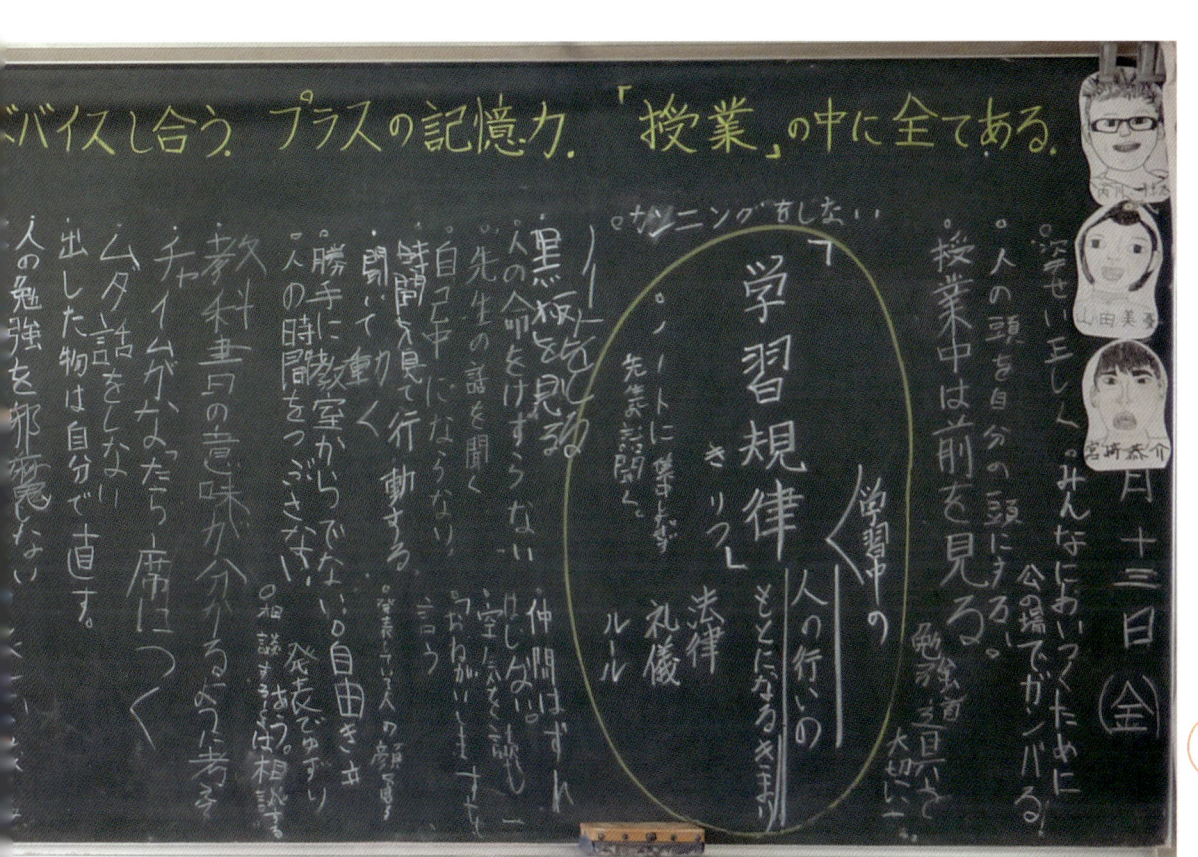

ほめ言葉のシャワーなど、様々な取り組みをとおして、学習規律を子どもたちに伝えていきます。伝える場所はどこでもよいです。大切なことは「継続」と「活用」です。一度学んだ学習規律を継続できるか。そして、他教科や日常に生かすことができるかが勝負です。

第3章　言葉を大切にした「白い黒板」◆

第3章 言葉を大切にした「白い黒板」
⑤ほめ言葉のシャワー　レベルアップシリーズ

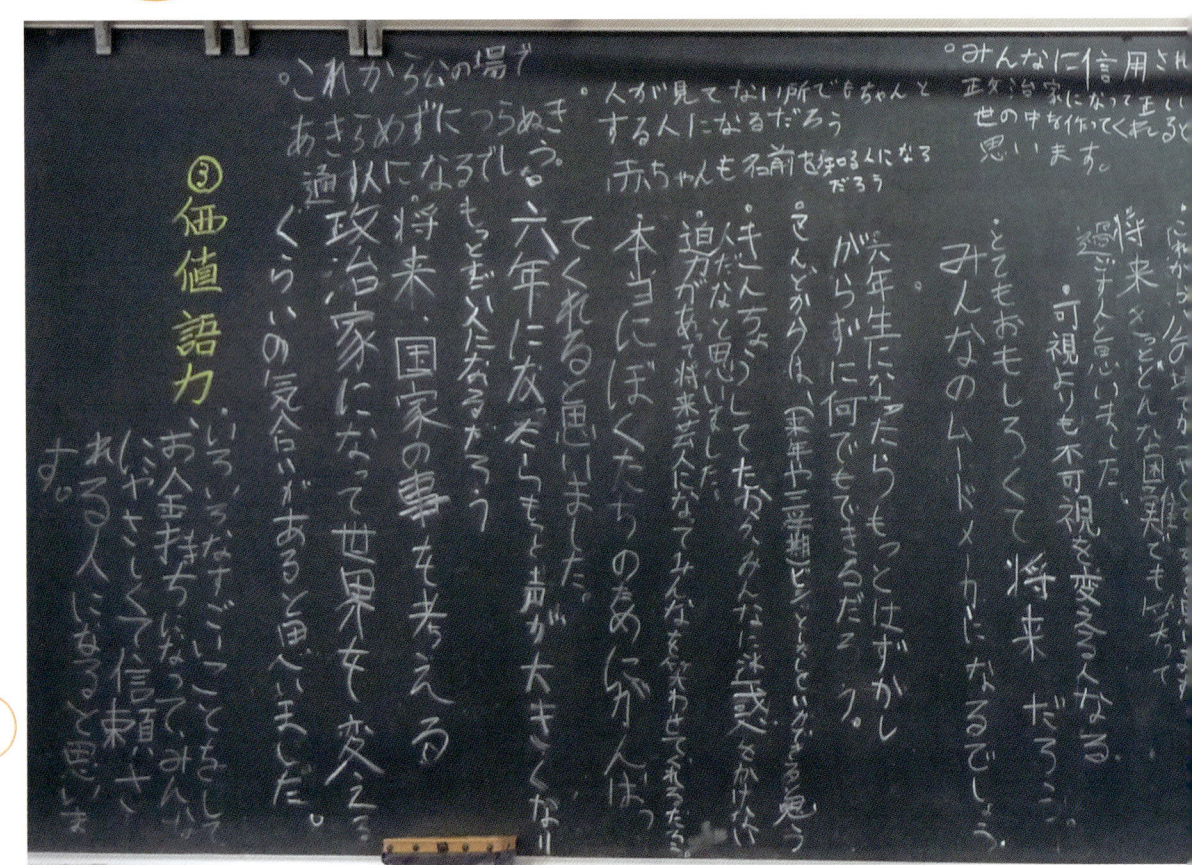

■ **話し合いのねらい**

「ほめ言葉のシャワー」の2巡目、3巡目が終わり、次に進むときこそ成長のときです。この時期には「ほめ言葉のシャワー」で「聞くこと」「話すこと」が大きく成長しています。型で止まるのではなく、内容面の大切さを伝え、気づかせることで子どもたちは変化するのです。互いに認め合える、ほめ合える関係が育つと、「自信」と「安心」があふれた子どもが育ち、学級が育ちます。そして、自分のことが「好き」と言える人間が育つのです。

■ **話し合いによる成長の姿**

子どもたちの「見る意識」が高まります。「細部を見る」「会話の数に着目する」「5W1Hを意識して見る」など「見る意識」をもって友達を見つめ、ほめ言葉のシャワーで発言します。また、「5年生のときは〇〇だったけど、6年生になって〇〇になっている」など過去と現在、現在と未来を比較・予想しながら子どもたちが発言できるようになります。公で活用できる「伝え合う力」が育つのです。

| 実施時期 | **10月** | 「自信」と「安心」のある学級はほめ合える、認め合える学級です。教師自身がほめる視点をどれだけもっているかがポイントです。子どもたちのほめ言葉のシャワーの中にも視点はたくさん隠されています。 |

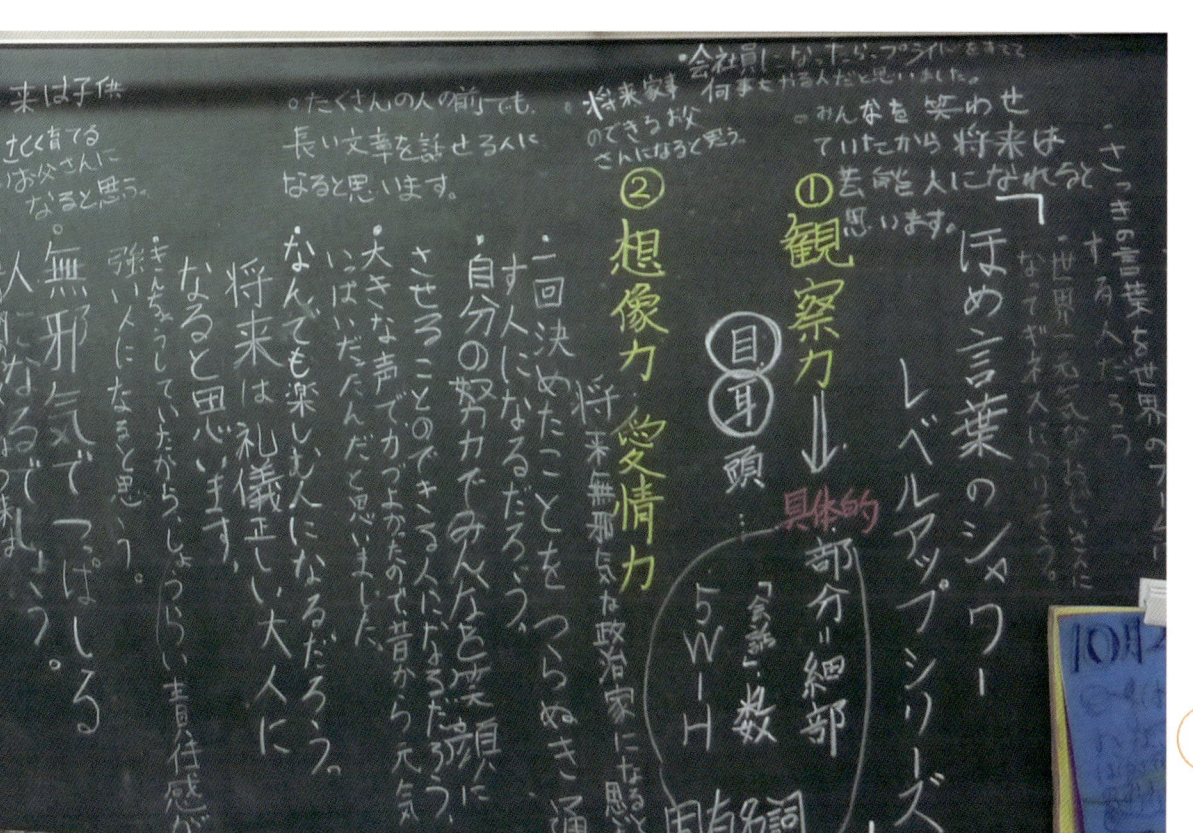

「ほめ言葉のシャワー」などを継続的に続けていくと温かい学び合いができる子どもたちが育っていきます。写真は、男女関係なく学び合っている姿です。このような温かい事実が教室にあふれていきます。だからこそ「ほめ言葉のシャワー」をレベルアップさせることには意味があるのです。

第3章　言葉を大切にした「白い黒板」◆

第3章 言葉を大切にした「白い黒板」

⑥バスケット、県展の取り組みで学んだことは何か

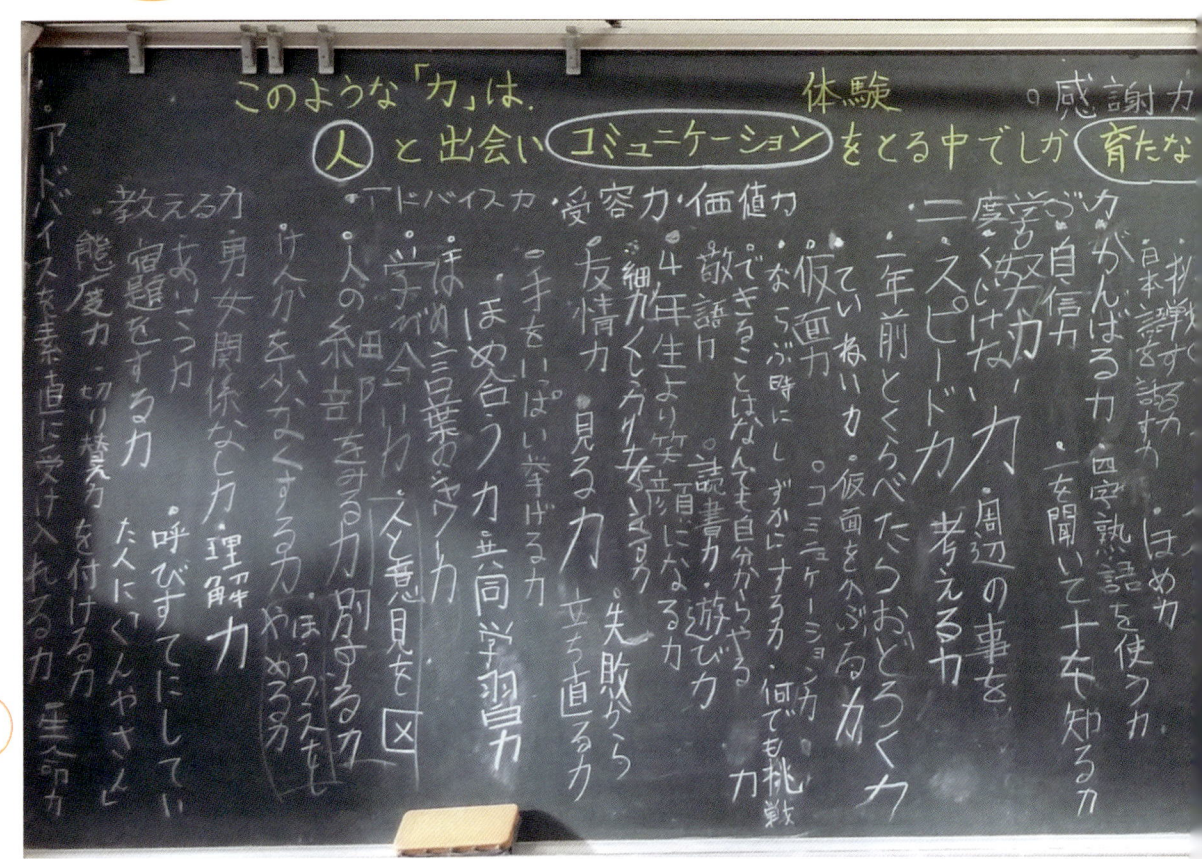

■ 話し合いのねらい

　県展とは小学校の図工画展のことです。ものごとをプラスにとらえる子どもを育てるために、「たかが」と「されど」という言葉に着目した話し合いです。「日常を大切にする」ということは、細かな点まで大切にするということです。「たかが」とは、見えている部分（可視）にしか着目していない姿です。子どもたちが「たかが」バスケットボールの授業、県展ととらえてしまっていてはどのような意図があっても成長しません。「されど」とは、見えない部分（不可視）まで着目している姿です。「されど」という言葉を用いてバスケットの授業や県展にも価値を見出させます。それが、細部の積み重ねとなり子どもの成長につながるのです。

■ 話し合いによる成長の姿

　1枚のプリントを、「たかが」1枚ととらえさせるのか、その1枚の不可視の部分に目を向けさせるのかで、大きく子どもたちの考えが変わります。この話し合いにより、日常の何気ない取り組みの大切さに気づき、様々な学習や活動においても真剣に取り組む人間が育ちます。

| 実施時期 | **11月** | 「授業にどんな意味があるのか」「授業で自分にどんな力がつくのか」そのようなことを子どもたちに伝えていく必要のある時代になっています。ただ授業をするのではなく、将来にどのようにつながるのか示す必要があります。

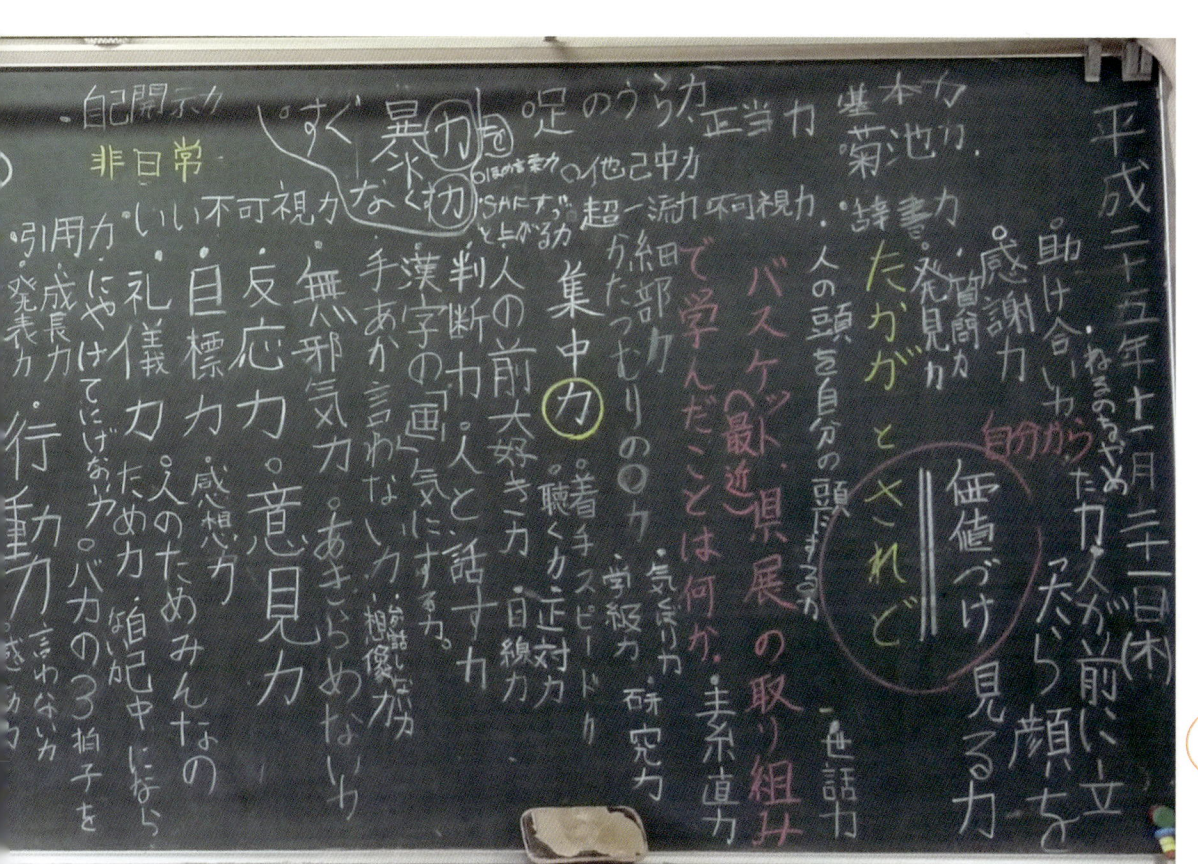

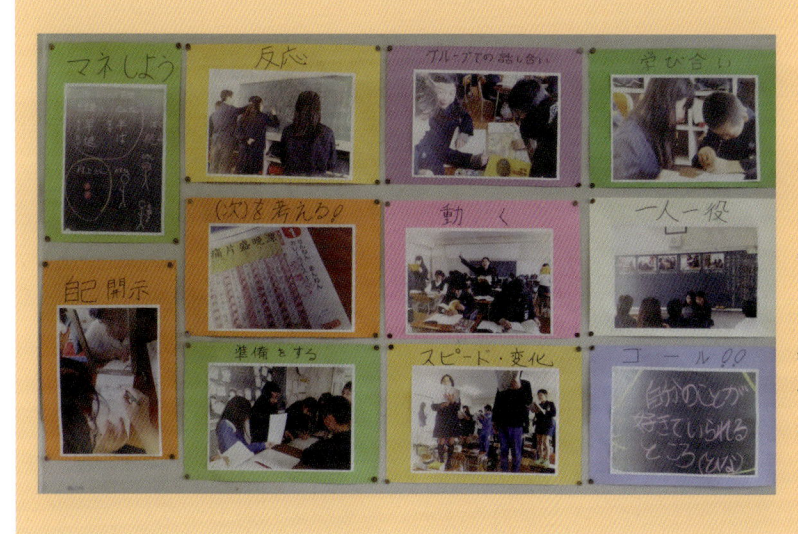

「されど」に着目させるために言葉だけでなく、視覚的に理解しやすくさせることも子どもが育つ一つの手法です。何に価値があるのか左の写真のように、具体的掲示物があれば子どもたちも次へのステップに進みやすくなります。

第3章　言葉を大切にした「白い黒板」

第3章 言葉を大切にした「白い黒板」
⑦なぜ5年1組は話し合いができるようになってきたのか

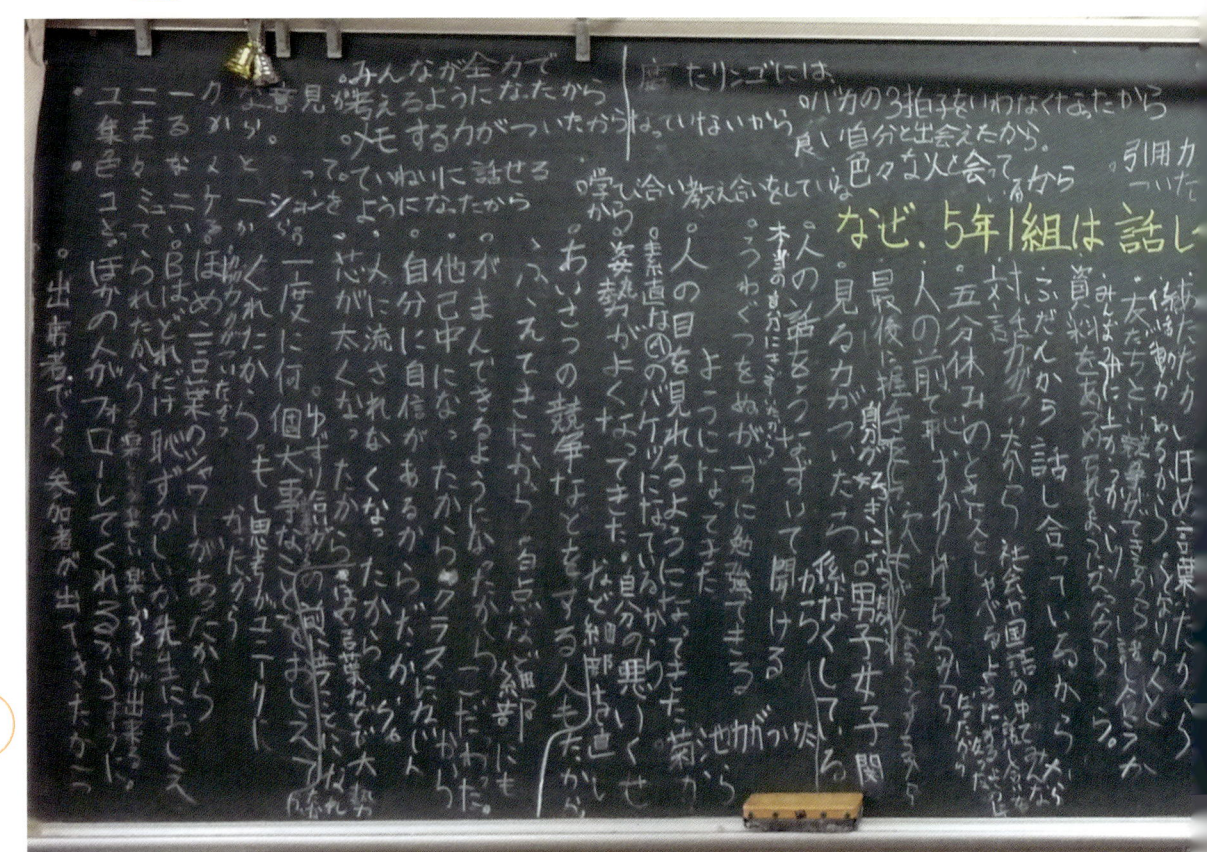

■ 話し合いのねらい
　教師も子どもも「話し合いができるようになってきた」と実感し始めるのがこの時期です。「なぜ話し合いができるようになってきたのか」を考え、これまでの話し合いをふり返り、成果と課題を明確にする。そして、自分を省察し、再び話し合いを行う。これにより、どうしたらより話し合う力を伸ばすことができるのかを明確に示すことができます。話し合えるということは、互いを認め合える関係が成立しているということです。このような学級で、伝え合う力はより高まり、コミュニケーション能力を身につけた人間が育つのです。

■ 話し合いによる成長の姿
　「話し合いで成長するためにはどうしたらよいのか」が明確になり、話し合いでの態度も積極的になります。そして、他者のよさをまねしようとする子どもが出てくるので、より高いレベルで話し合いが行われるようになり、人と意見を区別できる人間が育ちます。

実施時期 11月

すぐに子どもは変わりません。日々の積み重ねが子どもたちを育てるのです。話し合いを多く取り入れ、価値のある言葉・行動・態度を日々伝え、広めるのです。「焦らず・慌てず・ゆっくりと」です。

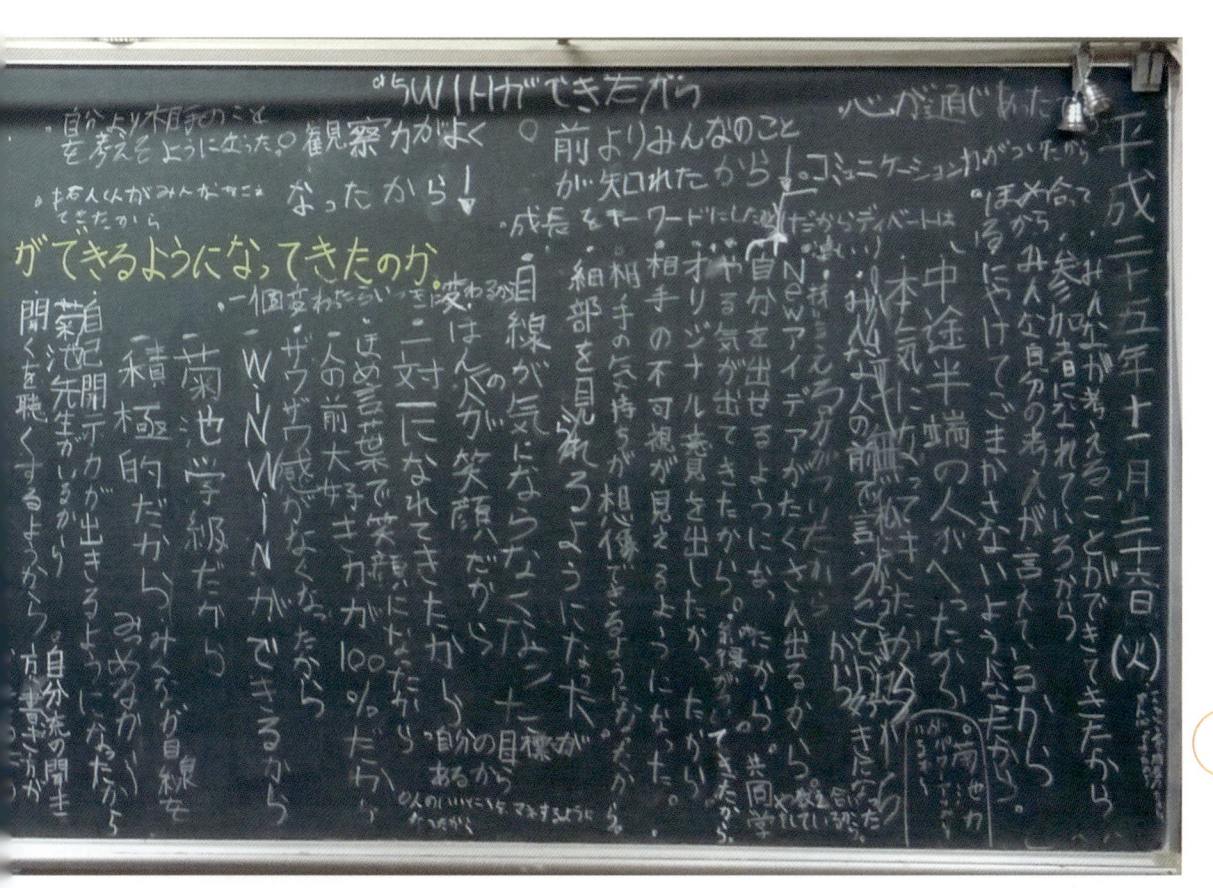

　話し合いを高める一つの方法として、ホワイトボードの活用があります。ホワイトボードを自由に使えるようにしておくと、子どもたちは思考の流れを書くようになります。言葉で伝わりづらい自分の考えを視覚的にすることで相手に伝わりやすくなるメリットがあり、話し合いが活発になります。

第3章　言葉を大切にした「白い黒板」◆

第3章 言葉を大切にした「白い黒板」

⑧5年1組に来られた方はどんな気持ちだろうか

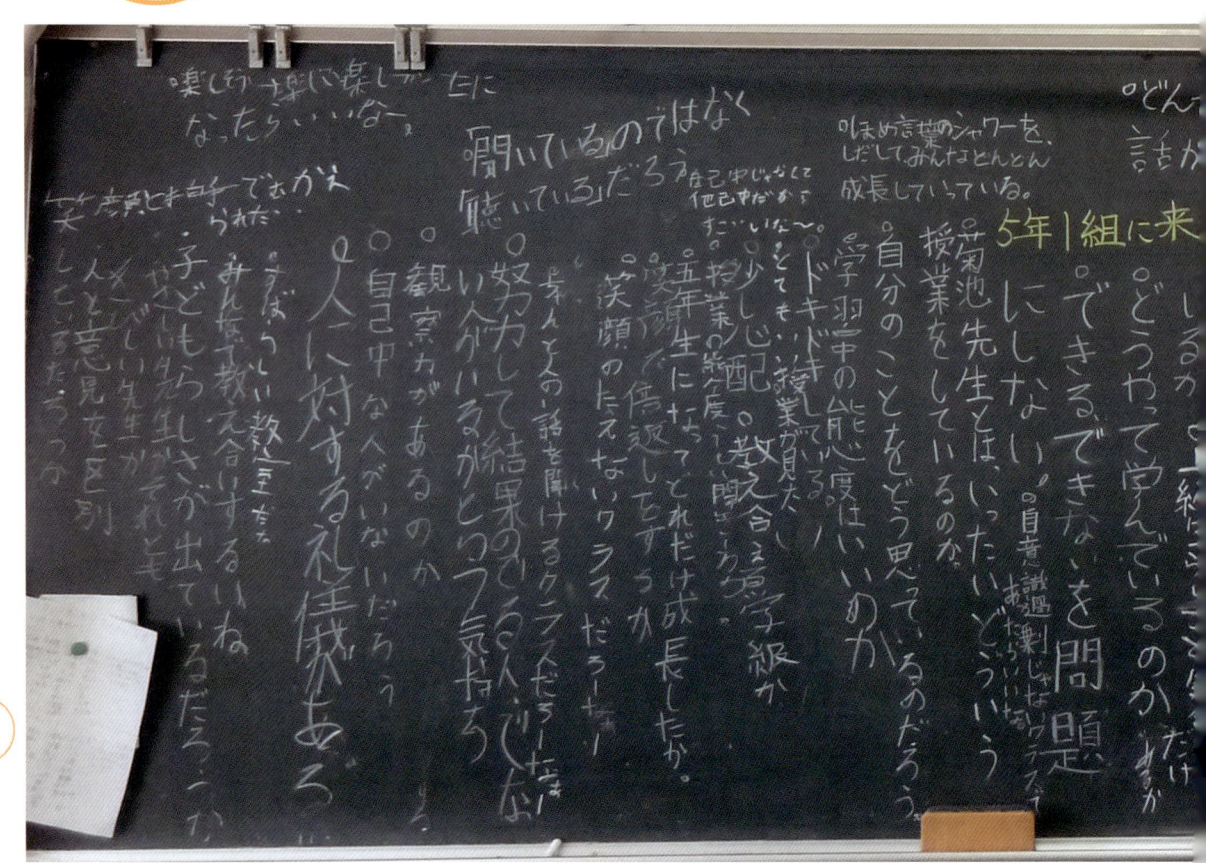

■ 話し合いのねらい

　学習参観や公開授業では、頑張ろうという気持ちをもつ子どもは多いでしょう。しかし、具体的に「何を」「どのように」頑張るのかを明確にして臨む子どもは多くはありません。そこで、「何を」「どのように」頑張る必要があるのかに気付かせます。そうすることで、授業に臨む意欲が高くなり、一人ひとりの成長スピードが加速します。非日常の場を成長の機会としてとらえさせ、積み重ねる経験が成長につながります。

■ 話し合いによる成長の姿

　来られた方（相手）の気持ちを考え、大切にしようとします。自分たちの頑張りを見てくださる方を大切にしようとする心は相手軸に立ってものごとを考えられるようになっている成長した子どもの姿でもあります。子どもたちは素直です。相手の考えを事前に想像させることで、来られた方の期待に応えようと授業や廊下でのあいさつなどを頑張り始めます。このような積み重ねが周りを大切にする人間を育てることにつながるのです。

実施時期 11月　公では結果が求められます。そして、望まれる姿もあります。教室に来られる方の立場（相手軸）に立ち、期待に応える喜びとよい緊張感を与えることで公（社会）を意識し、公で力を発揮できる子どもが育つのです。

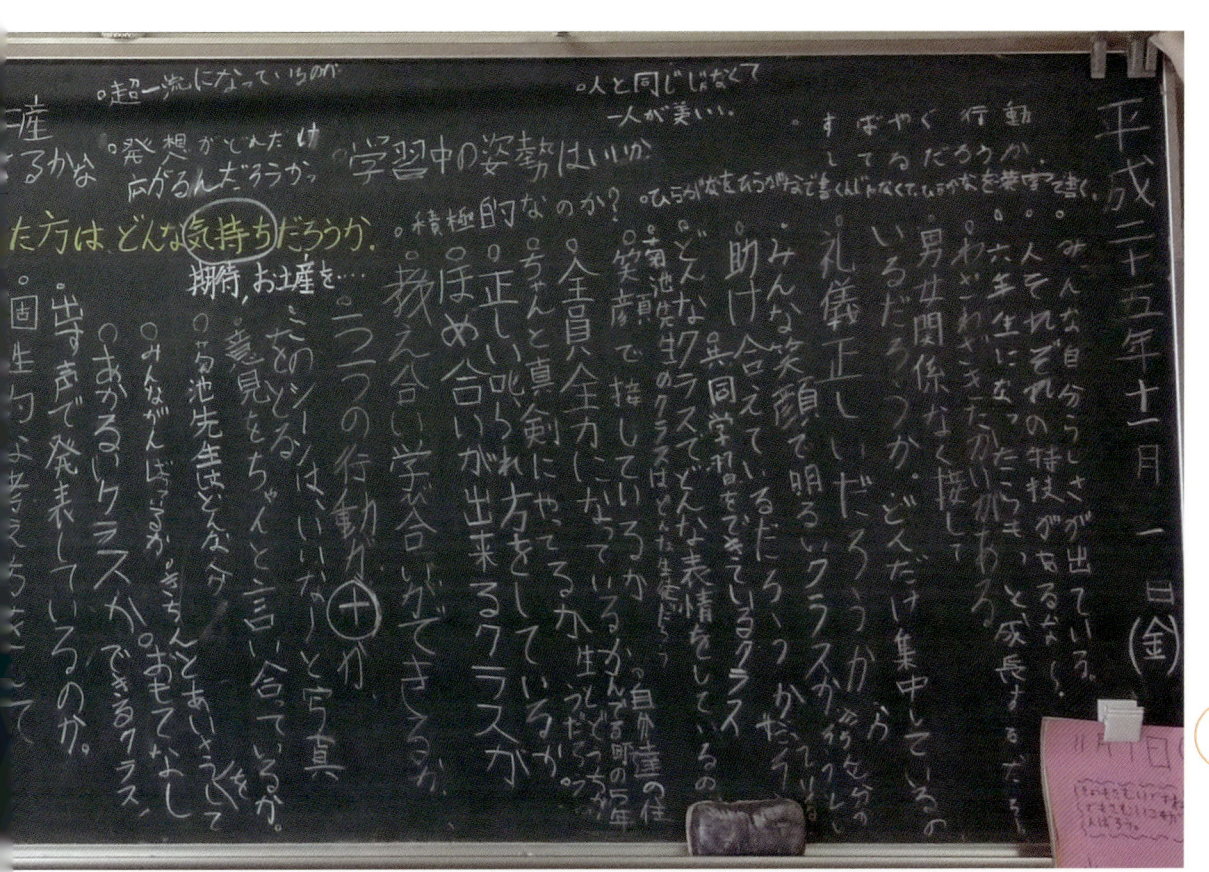

　白い黒板を見て、自分の具体的目標を成長ノートに書いている姿です。

　書いて⇒発表（視覚化）⇒書いて⇒発表（視覚化）の連続です。これが子どもたちの考えをより深めていきます。

第3章　言葉を大切にした「白い黒板」◆

第3章 言葉を大切にした「白い黒板」

⑨豊かな言葉の使い手を育てる方法

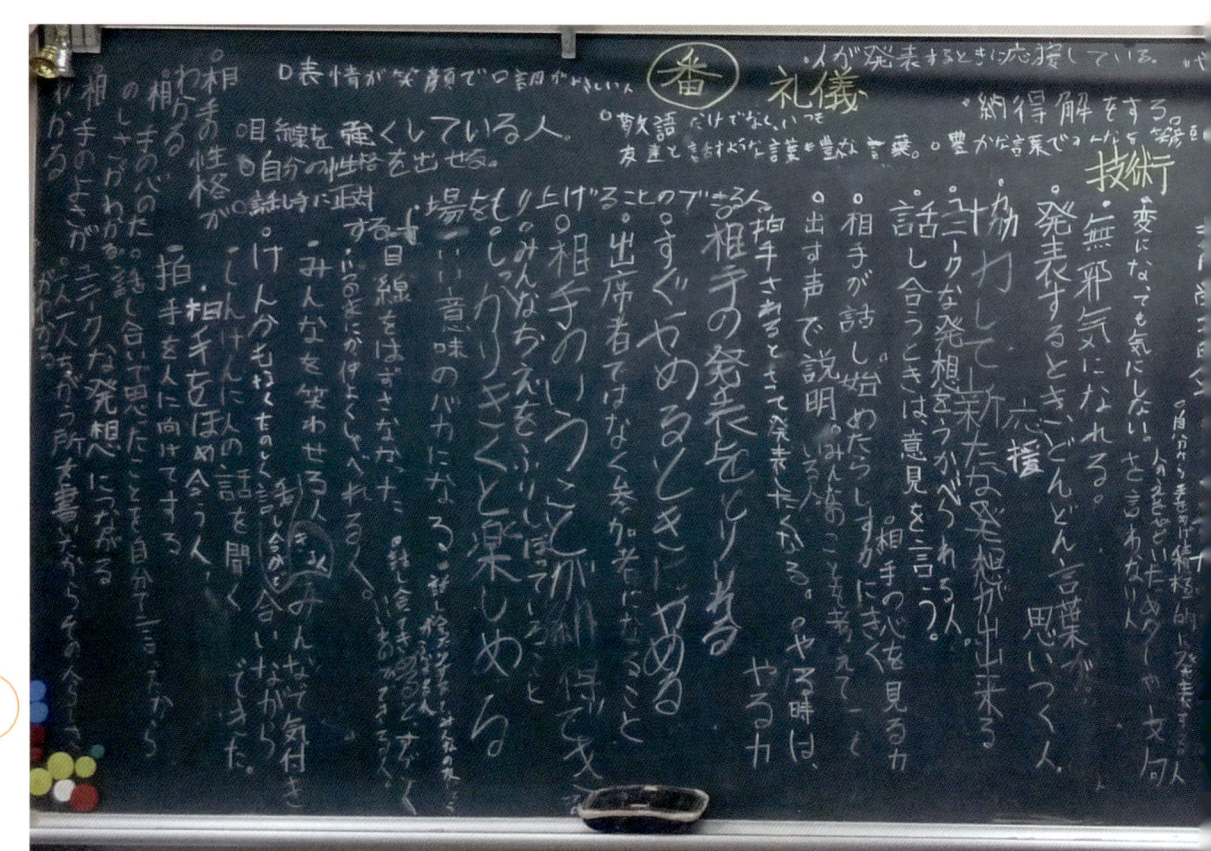

■ 話し合いのねらい

「コミュニケーション力＝（内容＋声＋態度＋α）×相手への思いやり」は、菊池先生が考えたコミュニケーションの公式です。（　）の中は「話す・聞く」の技術面です。そして、αは、「話す・聞く」の工夫を表し、ユーモアやジェスチャー、うなずきを意味します。豊かな言葉を使える学級は、「心」も温かい学級です。そして、「安心」「自信」のある学級になります。このような学級で過ごすと、公でも言葉を大切にする人間が育つのです。

■ 話し合いによる成長の姿

この話し合いを行うことで子どもたちは語彙の必要性に気付きます。語彙が増えることで自分を表現する幅が広がり、世界が広がるということに。そのため、漢字の意味や四字熟語を調べる習慣が身についていきます。また、多くの本を資料として調べる機会をつくってあげることも大切です。ディベートなど、話し合う「必要・十分条件」を整えることで子どもたちは意欲的に資料を活用し始めます。自分たちから新たな知識を求める姿が見られるのです。

実施時期 12月

コミュニケーション力＝（内容＋声＋態度＋α）×相手への思いやり」を伝えます。豊かな言葉の使い手は、「心」と「語彙力」が伴っています。言葉で人間は育ちます。人間の土台づくりがここにあります。

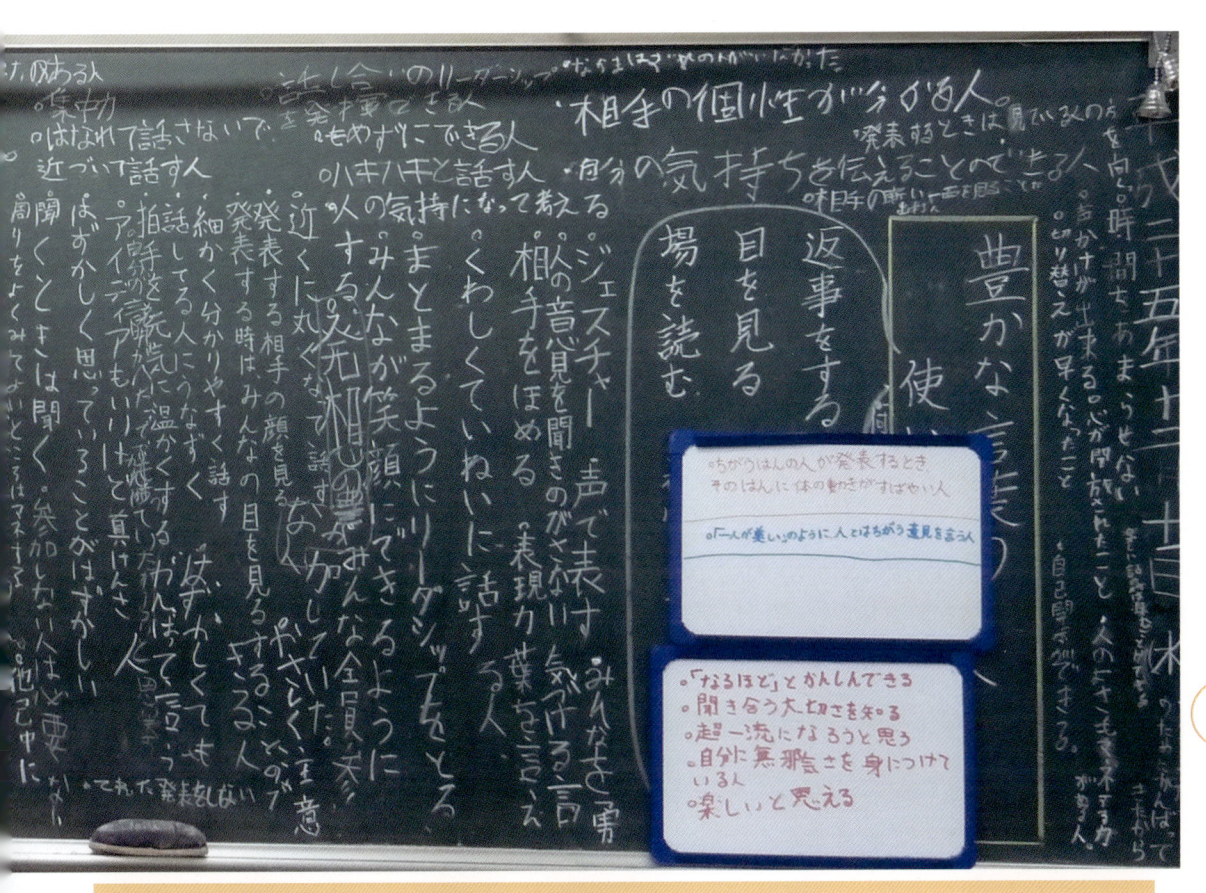

笑顔で話をする子どもがあふれるクラスになってきています。これも「相手への思いやり」がコミュニケーションにつながることを子どもたちが無意識に理解している姿といえます。

「豊かな言葉の使い手」になるためには、使い手側の「心」の在り方も大切です。「心」を育てることが、豊かな言葉の使い手を育てることにつながります。

第3章　言葉を大切にした「白い黒板」◆

第3章 言葉を大切にした「白い黒板」

⑩ほめ言葉のシャワーでSAとはどのような行為がとれる人か

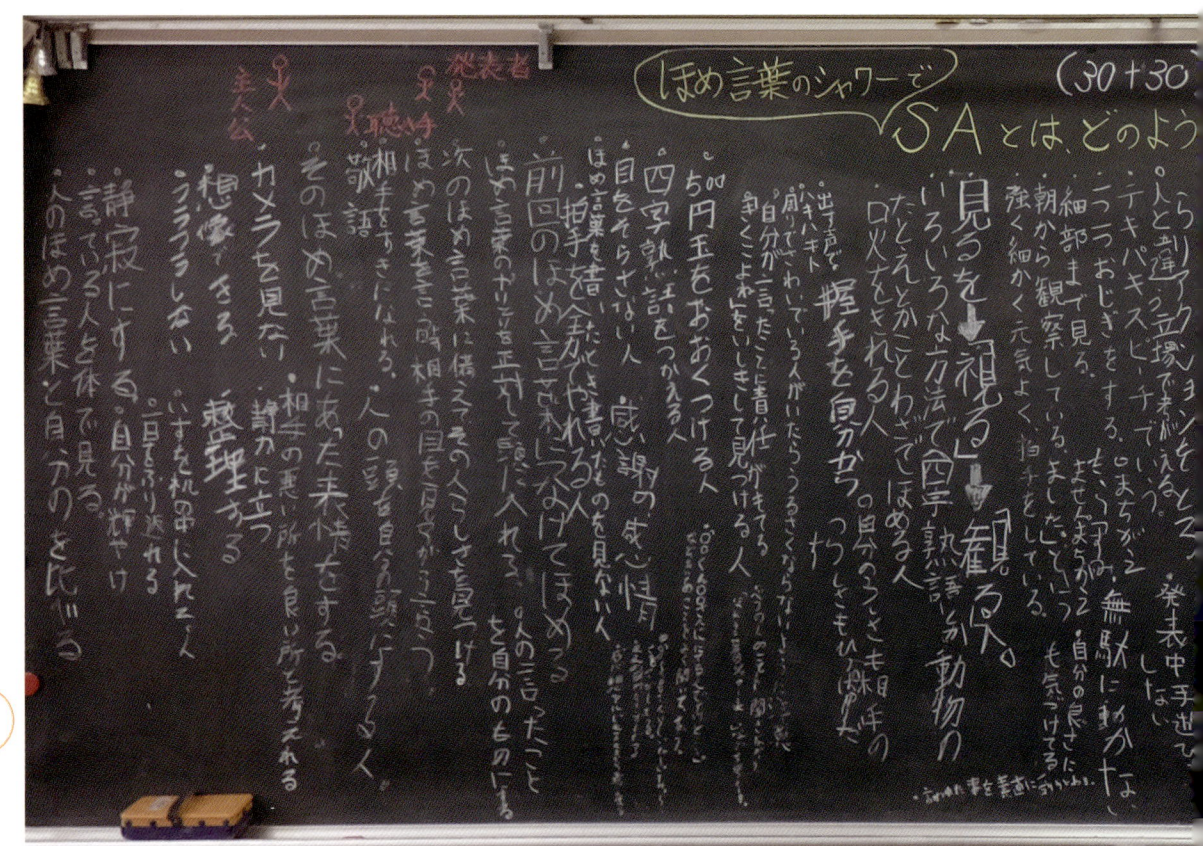

■ 話し合いのねらい

「ＳＡ」とは、「Ａ」の上をいくプロフェッショナルな人のことを指します。ほめ言葉のシャワーで、ほめる視点を少しずつ増やします。しかし、ある程度までいくと壁にぶつかります。そのようなときに、この話し合いを行うことで、どのような視点をもって日々の生活を送ればよいのかが明確になります。このような話し合いを経験し、よりよい友の姿をみつけ、ほめてあげることで望ましい集団が形成され「ＳＡ」を目指す子どもがでてきます。

■ 話し合いによる成長の姿

　ほめ言葉のシャワーの場面で、育った技術や心は日常の授業や日々の生活にも変化をもたらします。子どもたちは学んだことを生かそうとします。互いによさを見合い、伝え合うことは、自分の成長につながることでもあるということを学んできています。そのため、子どもたちは高い内容でほめ言葉のシャワーに取り組み、日常生活を送ります。そして、自分が「好き」と言える子どもが確実に増えるのです。

実施時期 3月

学級にほめる視点をあふれさせるためには、子どもたちからほめる視点を集めることです。自分の考えがクラス全体に認められると、相手の考えも認めようとします。そうすることで、ほめる視点がクラスにあふれだすのです。

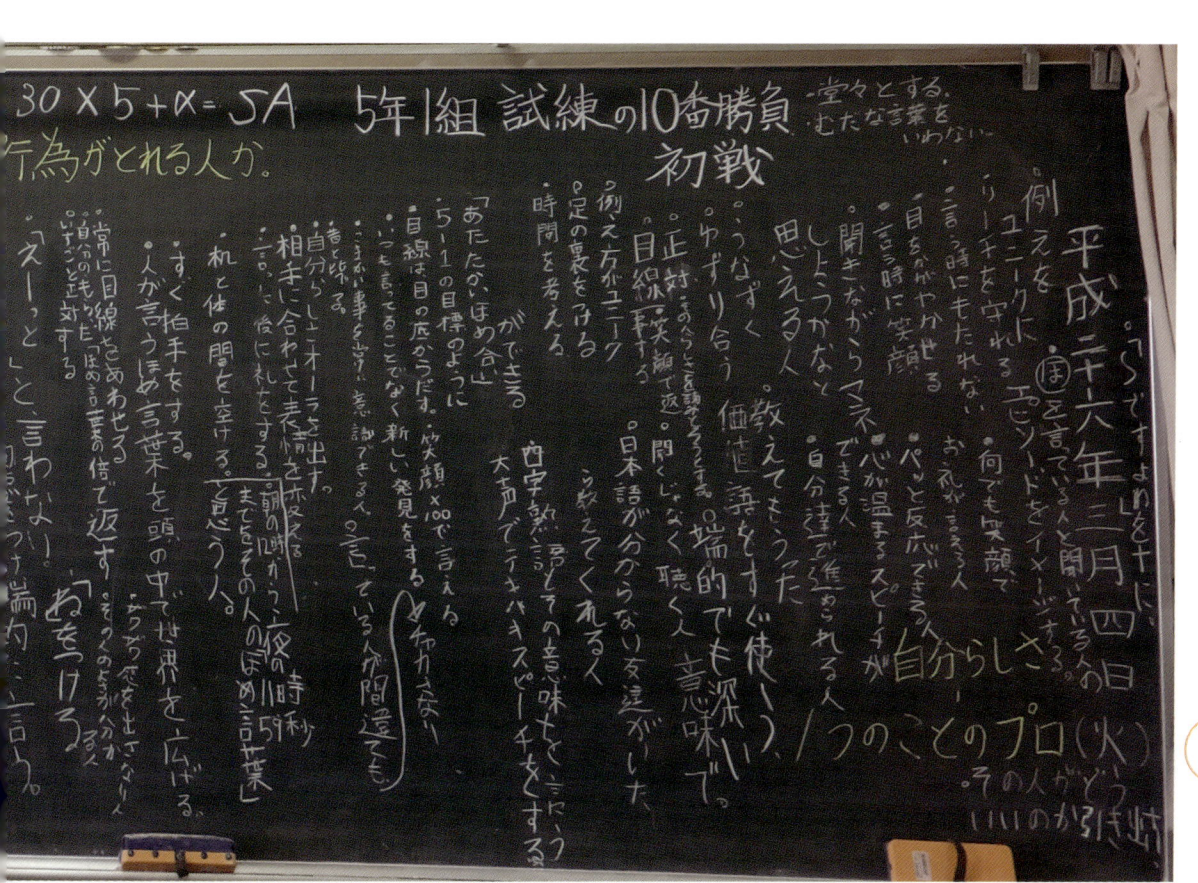

成長ノートに書いた考えを黒板に書いている子どもの様子です。「自分の考えを黒板に書ける」「みんなに自分の考えを見てもらえる」という事実は、子どもたちにとっての自信にもなります。

第3章　言葉を大切にした「白い黒板」

第4章 価値語を育む「係活動」

井上洋祐

第4章 価値語を育む「係活動」
○菊池学級の「係活動」指導

■ **菊池学級における係活動のねらい**

菊池学級は、「子どもたちに自信を与えること」「教室に安心感を与えること」を大切にします。なぜならば、今どきの子どもたちは、自分に自信がなく、傷つくことを避け、他人と関わろうとする意欲がこれまで以上に少ないからです。

以前とったアンケートから分かったことがあります。それは、朝から下校するまでの間に、クラスの中で言葉を交わす友達の数が、2～3人だけという子どもがいたことです。単なるその子の個性とは言い切れない今の子どもたちを象徴する結果でした。

人間は社会的な動物ですから、人と関わる中で成長します。子ども同士の関わり合いを薄いままにしておくと、成長するチャンスを少なくしてしまいます。

それだけにとどまらず、学級崩壊に向かって歯車が動き出すこともあります。「小学校発！一人ひとりが輝くほめ言葉のシャワー（日本標準2012）」には、

> 自分の意志で行動できない子どもが増えてきました。数名の仲間と「つるむ」子どもたちです。安易に仲間と同調し合う関係しか築けない子どもたちが増えてきたのです。
> そのような子どもたちは、多くの場合ゆがんだ価値基準で行動しようとします。
> 例えば、教師の指示に従わない友達が仲間の中から一人でも出てくると、決まってその子と同じ行動をとろうとします。そうしないと自分だけが「はじかれる」からです。それを恐れて、ただ仲間と合わせるだけの関係を強めるのです。

このような状況が日常化すると学級が崩壊し始めるのです。

自信がなかったり、他人と関わろうとしなかったりする子どもたちは、コミュニケーション力が乏しいからだといわれています。菊池省三先生は、早い段階から子どもたちのコミュニケーション力を高めようと取り組んできました。

コミュニケーション力を高めることで、他人と関わり、自分に自信を持ち、教室に安心感が生まれるという考えに至りました。

その中で子どもたちは「自分らしさ」を発見し、のびのびと成長を続けていくのです。結果、クラスには、さまざまな自分らしさの花が咲いた子どもたちでいっぱいになるのです。

菊池学級の係活動は、「自分らしさ」を発揮する一つの手段としています。菊池学級の魅力の一つは、どの子も「自分らしさ」を発揮し、みんなもそれを認め大切にしている態度であるともいえます。

個性あふれるクラスの中でどの子も「自分らしさ」が発揮できているか否かは、どの子も自信をもっているか、クラスに安心感があるかのバロメーターの指針ともいえるのです。

■ **「自分らしさ」を発揮する係活動**

係活動について、「コミュニケーション力あふれる『菊池学級』のつくり方」（中村堂2014）には、以下のように書かれています。

> 子どもを学級目標に近づかせるために、係活動があります。（略）
> 相当な自由度を保障し、本来一人ひとりの子どもがそれぞれ好きなことを"係"として活動させることが大切です。そうすることによって、自分らしさを発揮させていき

> ます。そして、その学級だけの学級文化を
> つくることへつなげていきます。

「自分らしさの発揮」の先には、「学級文化をつくること」をねらっています。文化とは、ある辞書には「自分たちで築き上げた成果の総体」とあります。学級文化とは、「子どもたちが自分たちで築き上げた学級内の成果の総体」と言い換えることができます。

自分たちで作り上げるには、集団を優先する心構えが必要となってきます。ときには自分のことは優先順位を下げなければなりません。「自分らしさ」の発揮は、集団の目標である学級目標の達成につながらないといけないのです。

ところが、手つかずの「自分らしさ」は、単なる「野生」である場合があります。ここでいう「野生」とは、社会の一員として大切な「相手意識」や「公意識」をもたない、自分勝手な振る舞い方です。

そういった面からも、菊池学級では、「自分らしさ」の発揮をねらいながらも、集団の中で価値ある行動を意識させた成長をもねらいます。

■ 藤井さんの場合

藤井さんは、一見どこにでもいるおとなしい女の子です。好きなことは、絵をかくこと。この章では、そんな藤井さんの係活動の作品を紹介します。彼女は、菊池先生と出会い、その指導のもと、「藤井ポスター社」を立ち上げました。仕事は、クラスのみんなに菊池先生から学んだことをまとめて掲示すること。コツコツとポスターづくりに励み、意欲的に活動していました。その成果であるポスターをご覧ください。また、菊池学級で学んだことの中で、テーマとして彼女が何を選んだという点から、どんなことに興味や関心をもっているのかがわかります。彼女をとおして、今の同年代の子どもたちの感性を読み取るヒントをつかめるかもしれません。

■ 価値ある言葉が人と人をつなぐ

菊池実践のもう一つの大切なキーワードは「つなぐ」です。

教師から始まった言葉が、一人の子どもの心をつかみ、ポスターをとおして、再び子どもたちに返されるというようにつながっています。こうして、価値ある言葉が広がっていく様子をご覧ください。

▲ポスターをつくる藤井さん

第4章 価値語を育む「係活動」

①藤井ポスター社　第1号！

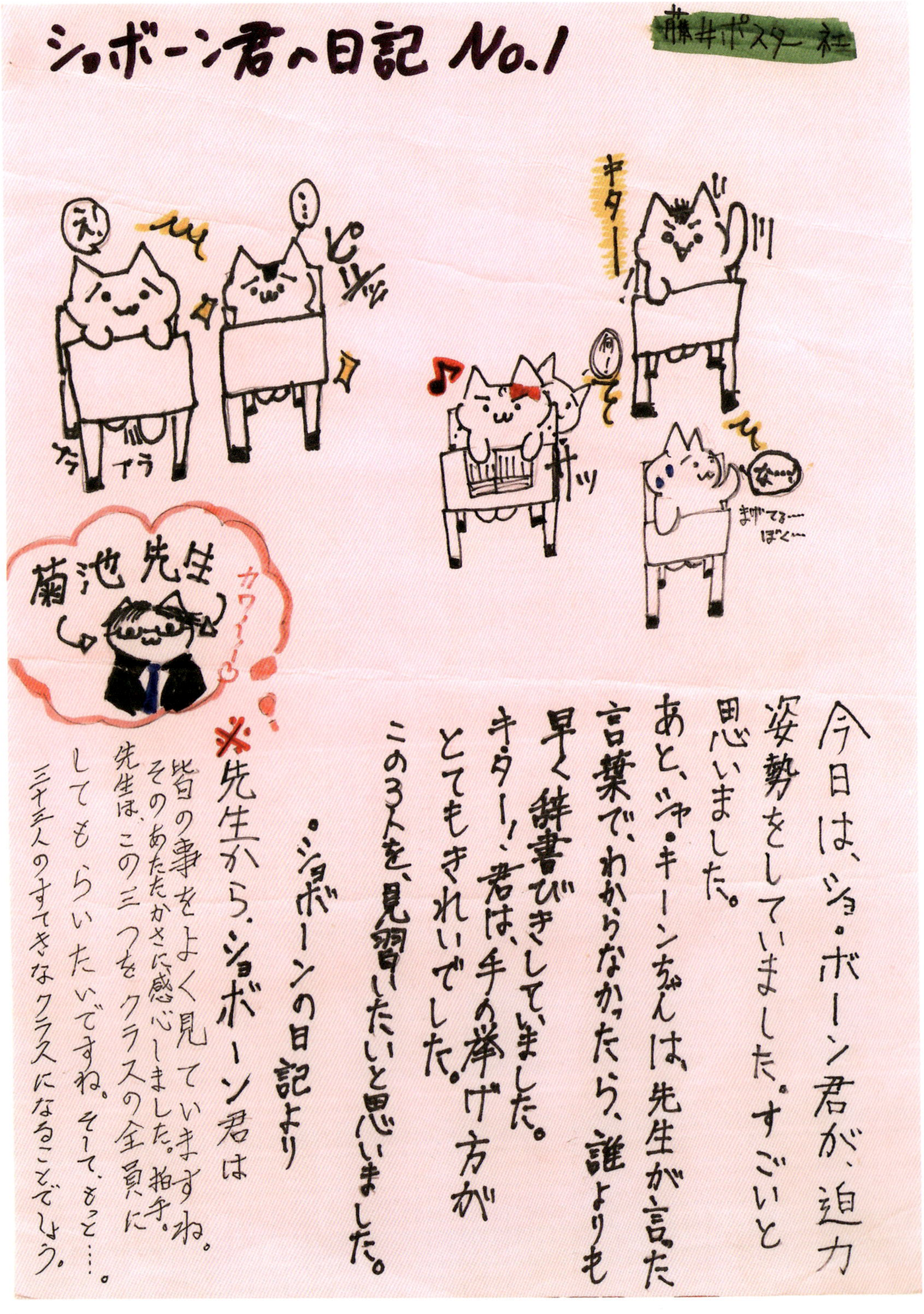

ショボーン君の日記 No.1

藤井ポスター社

今日は、ショ・ボーン君が、迫力姿勢をしていました。すごいと思いました。

あと、ジャ・キーンちゃんは先生が言った言葉でわからなかったら、誰よりも早く辞書びきしていました。

キ・ター！君は、手の挙げ方がとてもきれいでした。

この3人を、見習いたいと思いました。

・ショボーンの日記より

※先生からショボーン君は皆の事をよく見ていますね。そのあたたかさに感心しました。先生は、この三つをクラスの全員に拍手、してもらいたいですね。そして、もっと……。三十二人のすてきなクラスになることでしょう。

他を圧倒する勢いある「迫力姿勢」

　迫力姿勢は、他を圧倒する勢いのある姿勢です。全身に心配りをし、やる気がみなぎっている姿勢です。相手に対しても礼儀正しい姿勢といえるでしょう。

　誰よりも早く辞書引きしているということは、言葉に対する関心が高く、誰よりも早くできることで油断のない心構えができているということにつながります。

　手の挙げ方がとてもきれいだと、細かいところにこだわりを持ち、また、集団の中で堂々と自分を主張し、まわりに安心感を持ってゆだねていることになります。

　この三つをクラスの全員にしてもらいたいと、先生の素直な気持ちを伝え、成長のための目指す姿を子どもたちと共有します。

　皆のことをよく見ることは、他者に心を向けている証拠であり、このことはあたたかいことだと価値づけています。

▲誰よりも早く辞書引き

▲とてもきれいな手の挙げ方

第4章 価値語を育む「係活動」

②叱られ方講座　第2号！

菊池先生の叱られ方講座！！

藤井ポスター社

No.2

「今日は、菊池先生に叱られました。次からは、気をつけます。」と成長ノートに書きました。先生に見せると、「先生は、叱ったんだよ」と言いました。そして、叱られ方を習いました。

① 受容する
② 反省する
③ 謝罪する
④ 改善する
⑤ 感謝する

これからは、叱られたことに、感謝しようと思いました。

シャキーンの日記

正しい叱られ方で成長する

　①**受容すること**は、自尊感情が低い子どもにとってはなかなか難しいことです。しかし、成長するために大切なのが受容することです。事実を事実として認めることから始まります。他人のせいにしているうちは、成長はありません。

　②**反省すること**は、受容ができて初めてできることです。二度と同じ過ちを繰り返さないためにふり返るのです。口に出したり、または、文章に表したりすることで頭の整理ができます。

　③**謝罪すること**は、過ちの当事者として強い心で自分の行為を認めて、二度と繰り返さないと誓いを立てることであり、相手に対してきちんとそのことを伝え、お詫びをすることです。お詫びをして許してもらうことで、新しい自分のスタートが切れます。

　④**改善すること**をしなければ、口だけの人間になってしまいます。誓いを立てたことを誠実に守ることで周りから信頼されます。信頼される人間は、周りからも大切にされます。このことが自信につながり、成長する人間となります。

　一度でも①〜④をきちんとやったことがある人なら、きっと⑤**感謝すること**ができます。叱られたことで自分が成長し、叱られる前よりもトラブルが減っていることに気づくからです。先生から叱られることで教えてもらったのですから。

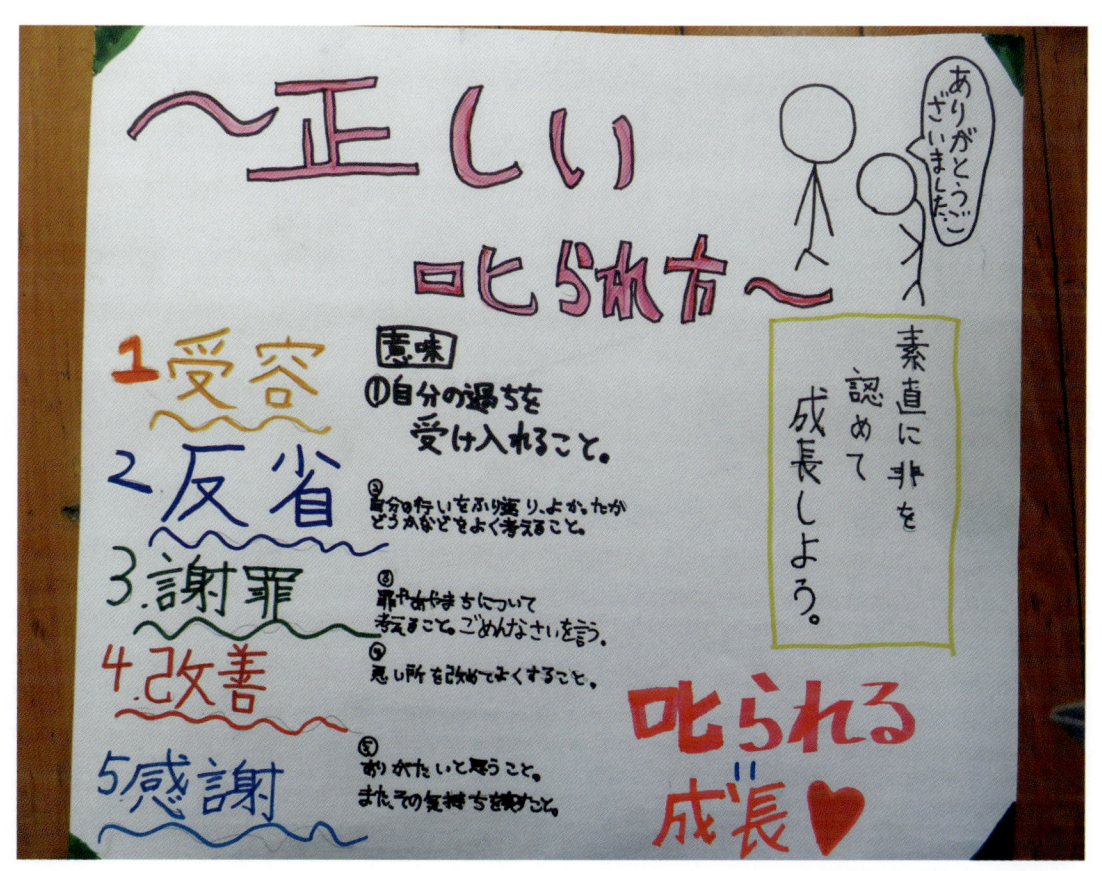

▲「正しい叱られ方」ポスター

第4章 価値語を育む「係活動」

③ほめ言葉のシャワー講座　第3号!

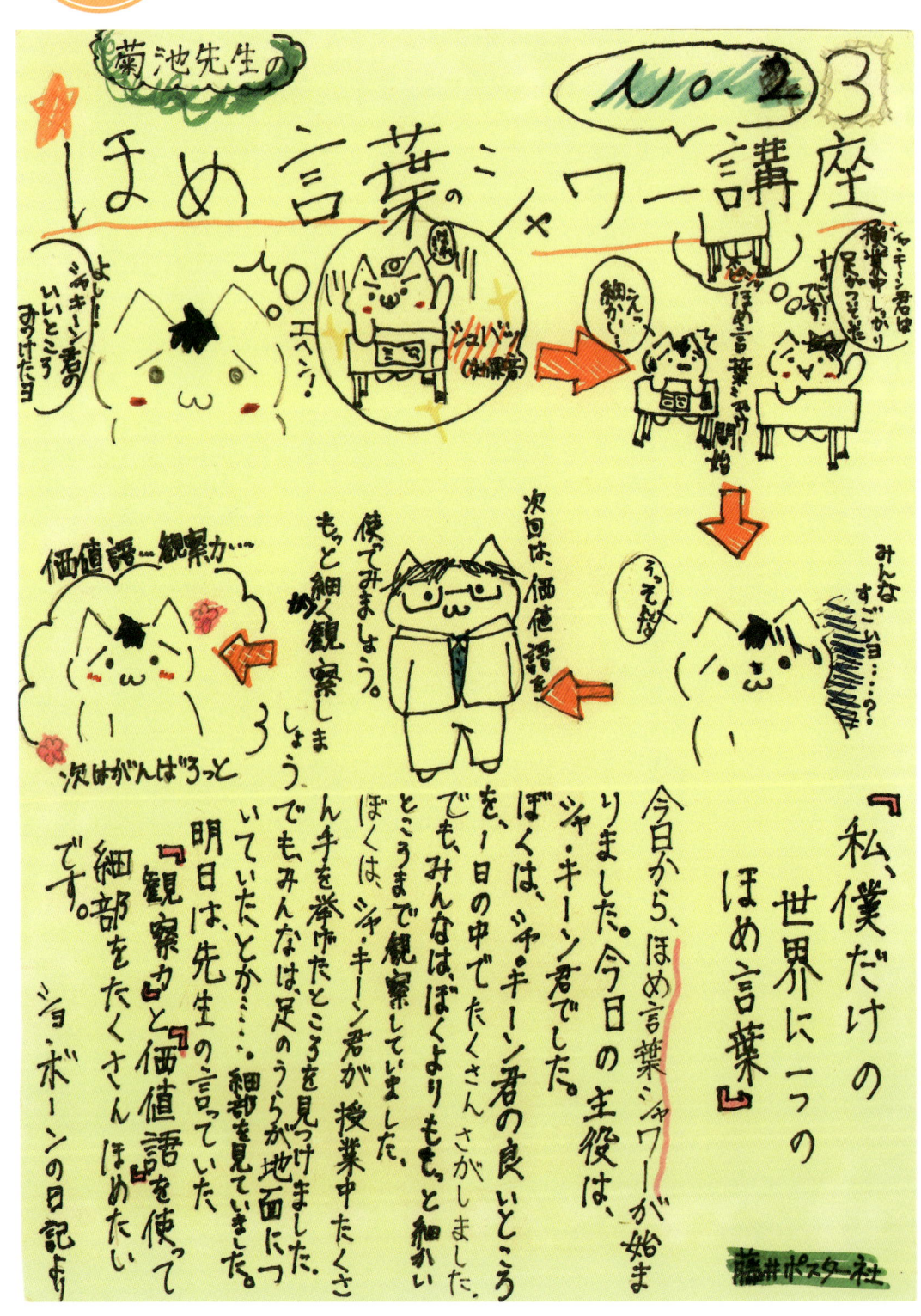

私、僕だけの世界に一つのほめ言葉

　ほめ言葉のシャワーは、菊池実践の代表的なものです。クラス全員で一人の子をほめます。それを一年間繰り返して、「子どもに自信をつけさせ、教室に安心感をもたらす」ことをねらいます。その際は、「もっと細かいところまで観察」する「観察力」を要求します。自分だけが見つけた細かい事実に価値語を使って価値づけさせます。

　ほめるときは、ただ漠然とほめるのではなく、事実をとらえさせ、なぜそのことがよいのかきちんと説明させます。ほめ言葉を進化させるために「私、僕だけの世界に一つのほめ言葉」を心がけるように伝え、それができているときは、教師がとらえ、ほめます。

▲「ほめ言葉のシャワー」

▲観察して、オリジナルの四字熟語をつくる

第4章　価値語を育む「係活動」◆

第4章 価値語を育む「係活動」
④○を伸ばして△も○へ講座!! 第4号!

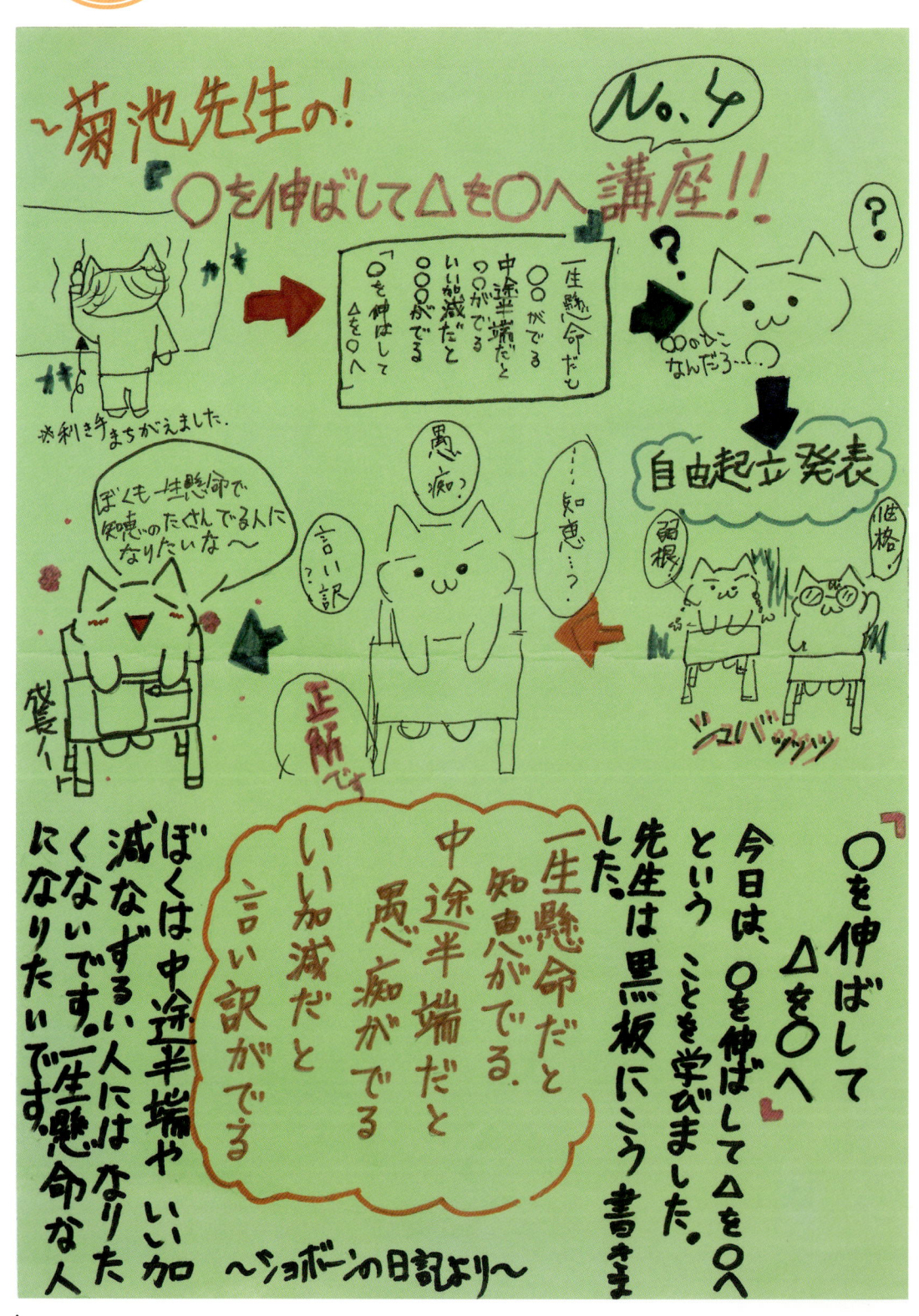

一生懸命だと知恵が出る

「〇を伸ばして△も〇へ」というのは、よいところを伸ばして、自分の苦手なことや、弱いところをもよいものに変えていこうという言葉です。このことを子どもたちに教えるために使ったのが、「一生懸命だと知恵がでる〜」の文です。

〇を使って伏せ字にすると、ぐっと興味をひかれます。きっかけはクイズのような形式ですが、そこから導かれるように意味を考え、深く子どもたちの心に切り込んでいきます。実際ショ・ボーン君をとおして「ぼくも一生懸命で知恵のたくさんでる人になりたいな〜」という大切な思いにたどり着いています。

担任の先生とのよい関係が素直な心を呼び覚まし、自分ができることとして新聞にし、友達に広げようとしています。

「ぼくは中途半端やいい加減なずるい人にはなりたくないです」とは、とても大事な気づきですね。大人になる過程でいつかは必ずこういった気づきを与えたいものです。

▲一生懸命に学ぶ

▲何事も全力でやろう‼

第4章 価値語を育む「係活動」◆

第4章 価値語を育む「係活動」
⑤三つあります！作文スピーチ講座　第5号！

「かしこそうに」に聞こえる「三つあります!作文スピーチ」

　友達のスピーチを聞いて、それまでの友達と比べ『かしこそう』に聞こえましたという驚きから始まる今回の新聞です。
　その仕掛けは「三つあります」という言い方だったのだという、アドバイスを先生から教えてもらいます。
　この後もう一歩踏み込んだ大切なことが、「1つや2つなら思いつくけど、3つめはなかなか思いつかない、だから3つ目が考える力をつける」というところです。
　シャ・キーンさんは、そのことをきちんと理解し、表現できていますね。

▲みんなの前でスピーチ

▲みんなの前で意見を述べる

第4章　価値語を育む「係活動」◆

第4章 価値語を育む「係活動」

⑥「学習規律」講座!! 第6号!

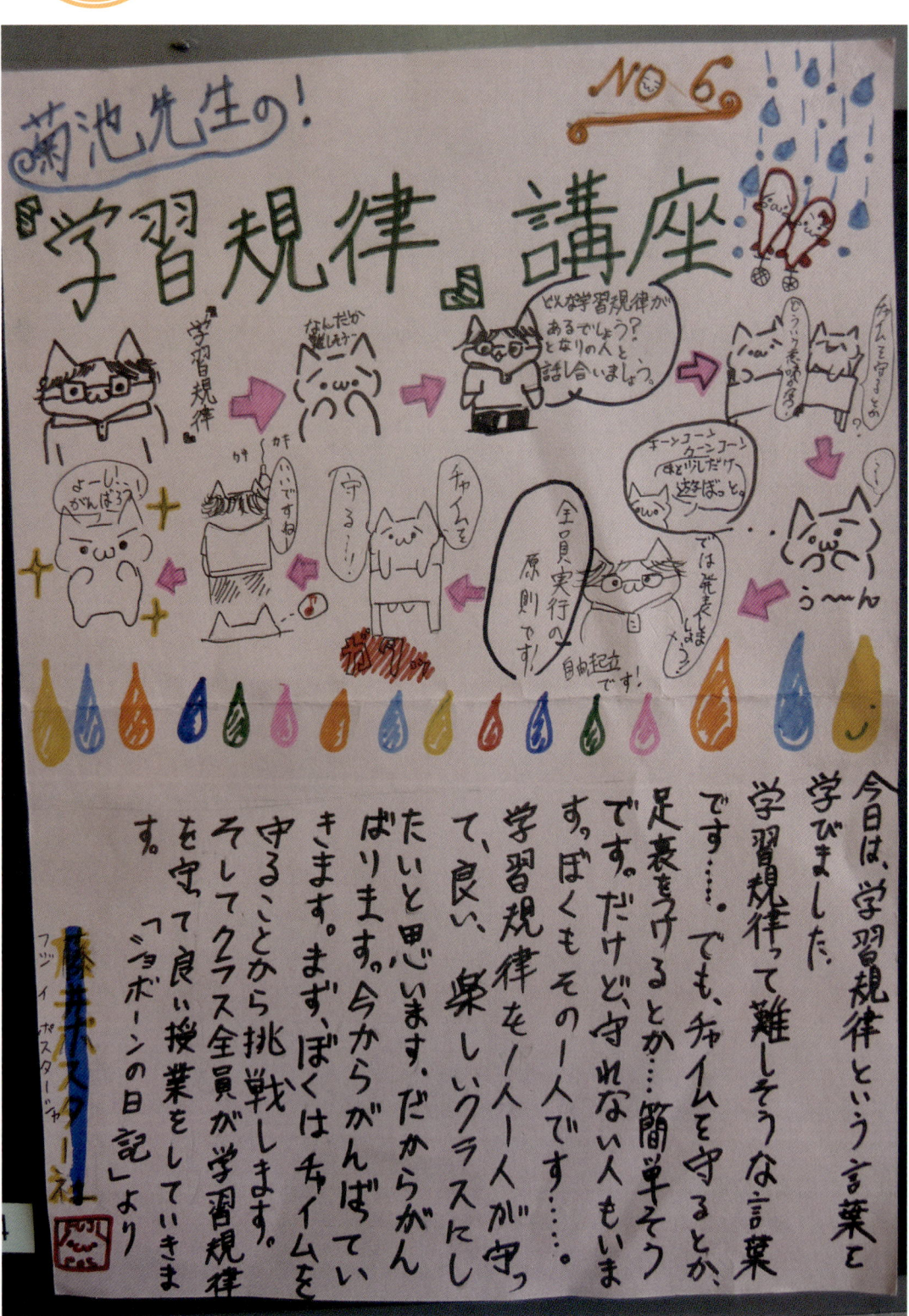

今日は、学習規律という言葉を学びました。学習規律って難しそうな言葉です……。でも、チャイムを守るとか、足裏をつけるとか…簡単そうですけど守れない人もいます。ぼくもその一人です……。学習規律を一人一人が守って、良い、楽しいクラスにしたいと思います。だからがんばります。今からがんばっていきます。まず、ぼくはチャイムを守ることから挑戦します。そしてクラス全員が学習規律を守って良い授業をしていきます。

「ショボーンの日記」より

一人ひとりが守る「学習規律」

　学習規律という言葉が登場しました。先生たちが使う業界用語のようなものです。その意味は、学習中の子どもたちの態度を表します。授業中におしゃべりをしたり、勝手に席を立ったりすると「学習規律がなっていない」となるのです。

　先生たちが自分たちの勉強会、いわゆる研修などで使われる用語を大胆にも子どもたちにおろして、考えさせるところが菊池流でしょうか。規律というとどちらかというと「管理教育」側に針が振れそうですが、子どもたちにおろして考えさせることで、上から教え込まれるという側面がやわらぎ、自分たちが大切にしていこうという自主・自律の側面が強くなります。授業中におしゃべりばかりで、説教ばかりになり、授業が進まない状態は先生だけでなく、子どもたちも困っています。そうならないように、先生と子どもたちが一緒に学習規律を守ることで安心感のあるクラスになるのですね。

▲足裏をつける

▲授業に集中する

第4章　価値語を育む「係活動」◆

第4章 価値語を育む「係活動」

⑦偉い人、当たり前のことを当たり前にできる人講座 第7号!

今日、五時間目に先生がある事を話しました。それは、昼休みにキター君が何やらない様子でゴミを捨てていたという事です。先生は言いました。「当たり前の事を当たり前にできるのは偉い人。」と…。ぼくは何か特別なことができる人を偉いんだと思っていました。でも本当は当たり前のことを当たり前にできる人が偉い人だったんですね。ぼくも、キター君のやったことを吸収します！もっと今できる小さな事からがんばっていきたいです。

ショボーンの日記より

小さなことからがんばっていく

「何か特別なことができることが偉い人」・・・子どもの頃は、漫画や映画に出てくる特別な力を持った人に憧れることがあります。それがなんとなく板について、頭がよい人、足が速い人などわかりやすい視点で友達や自分をつい値踏みしてしまいます。時にはクラスのできる子と比べてしまい、自分はダメな子なんだと落ち込むことがあります。

先生と子どもたちの関係が良好になると、『当たり前な事を当たり前にできるは、偉い人』という言葉が、すっと心に入ります。世の中を支えている人のほとんどは、当たり前のことを当たり前にやる誠実な人たちなのです。ヒーローのように光はなかなか当たりませんが、欠かせない人たちです。もっと今できる小さなことからがんばっていきたいという気づきはそういった成熟した大人への第一歩となる重要な気づきです。

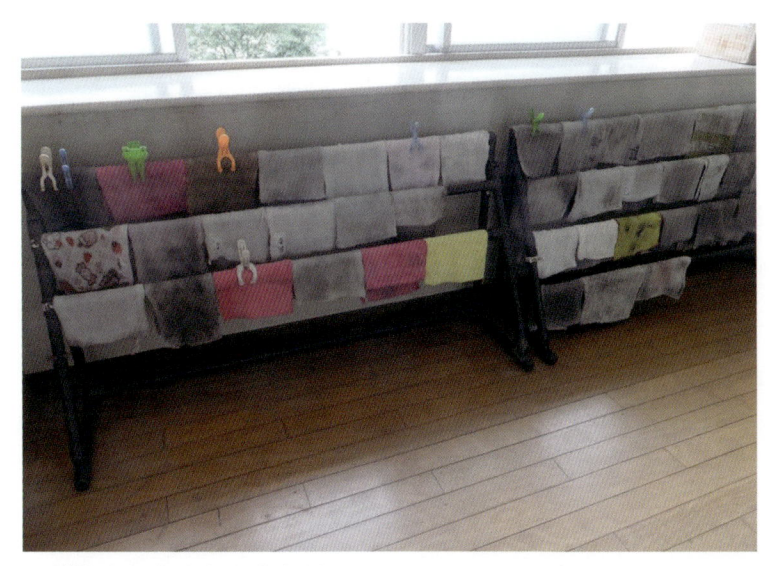

▲ぞうきんをきちんとかける

▲教科書を忘れた子といっしょに使う

第4章 価値語を育む「係活動」

⑧使える価値語　声！　講座！　第8号！

声だけでもその人の実力がわかる

　自信がないと、声は大きくなりません。教室に安心感がないと、また、声は大きくなりません。逆に、自信がなく、教室に安心感がないときに大きな声が出せる人は、なにかに追い込まれているサインかもしれません。

　子どもに自信をもたせつつ、教室に安心感が生まれるように仕込みながら、さらに子どもたち、教室を成長させるために、菊池先生のてこ入れが行われます。今回は『声』です。

　ただ「大きな声で！」というのは万人が言いますが、菊池流は『圧倒声』です。『声だけでもその人の実力がわかる』と続け、さらに発奮させます。

▲「圧倒声」を出す

▲学習発表会での堂々とした発声

第4章　価値語を育む「係活動」◆

第4章 価値語を育む「係活動」

⑨ノートは作戦基地!講座　第9号!

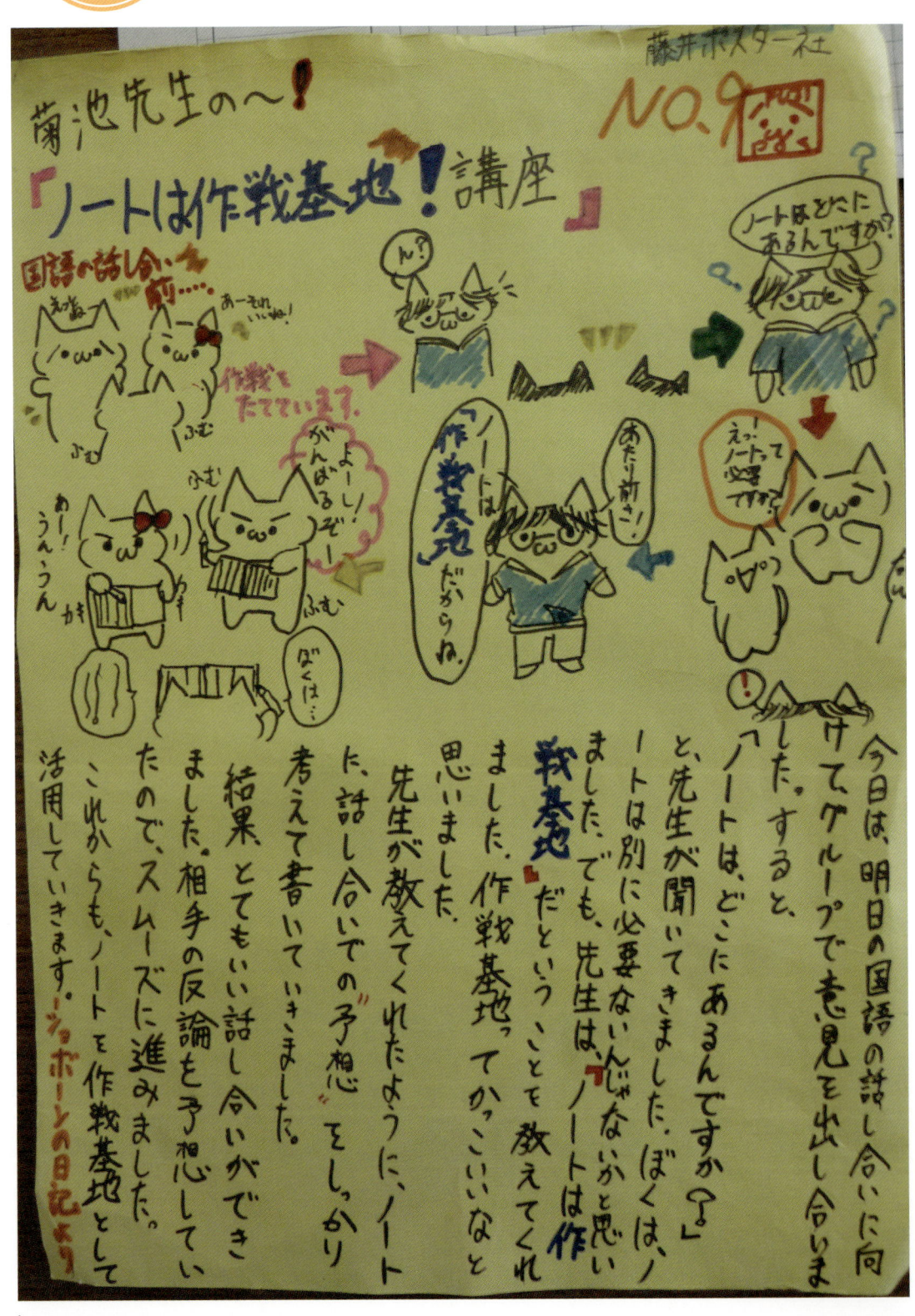

菊池先生の〜!
『ノートは作戦基地!講座』

藤井ポスター社
NO.9

今日は、明日の国語の話し合いに向けてグループで意見を出し合いました。すると、先生が聞いてきました。「ノートは、どこにあるんですか?」と。ぼくは、ノートは別に必要ないんじゃないかと思いました。でも、先生は、ノートは作戦基地だということを教えてくれました。作戦基地ってかっこいいなと思いました。先生が教えてくれたように、ノート、話し合いでの"予想心"をしっかり考えて書いていきました。結果、とてもいい話し合いができました。相手の反論を予想していたので、スムーズに進みました。これからも、ノートを作戦基地として活用していきます。ーッシッポーンの日記より

作戦基地ってかっこいい

　話し合うことが目的のとき、自分の意見はその都度考えて、思ったことは躊躇せずに勇気をもって相手に伝えればいいじゃない、と思いがちです。しかし、意見が言えないことはただの勇気の問題だけとは言い切れません。考えを作る作業と時間が必要になるのです。そのことが、「ノートは作戦基地！」という言葉に表されます。また、考えを作る作業をとおして、グループでの話し合いに関心をもつようになり、活動に意欲的になります。いわば、考えをノートに書くことが、参加の手形となるのです。
　「作戦基地」と言い換えると、かっこいい響きになりますね。

▲ノートは作戦基地

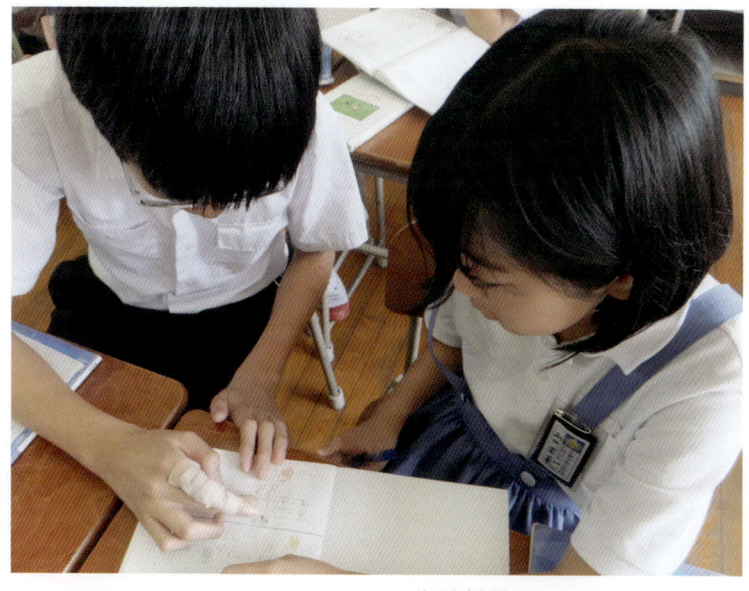

▲作戦基地でいっしょに考える

第4章　価値語を育む「係活動」◆

第**4**章 価値語を育む「係活動」

⑩一人が美しいの使い方‼講座　第10号!

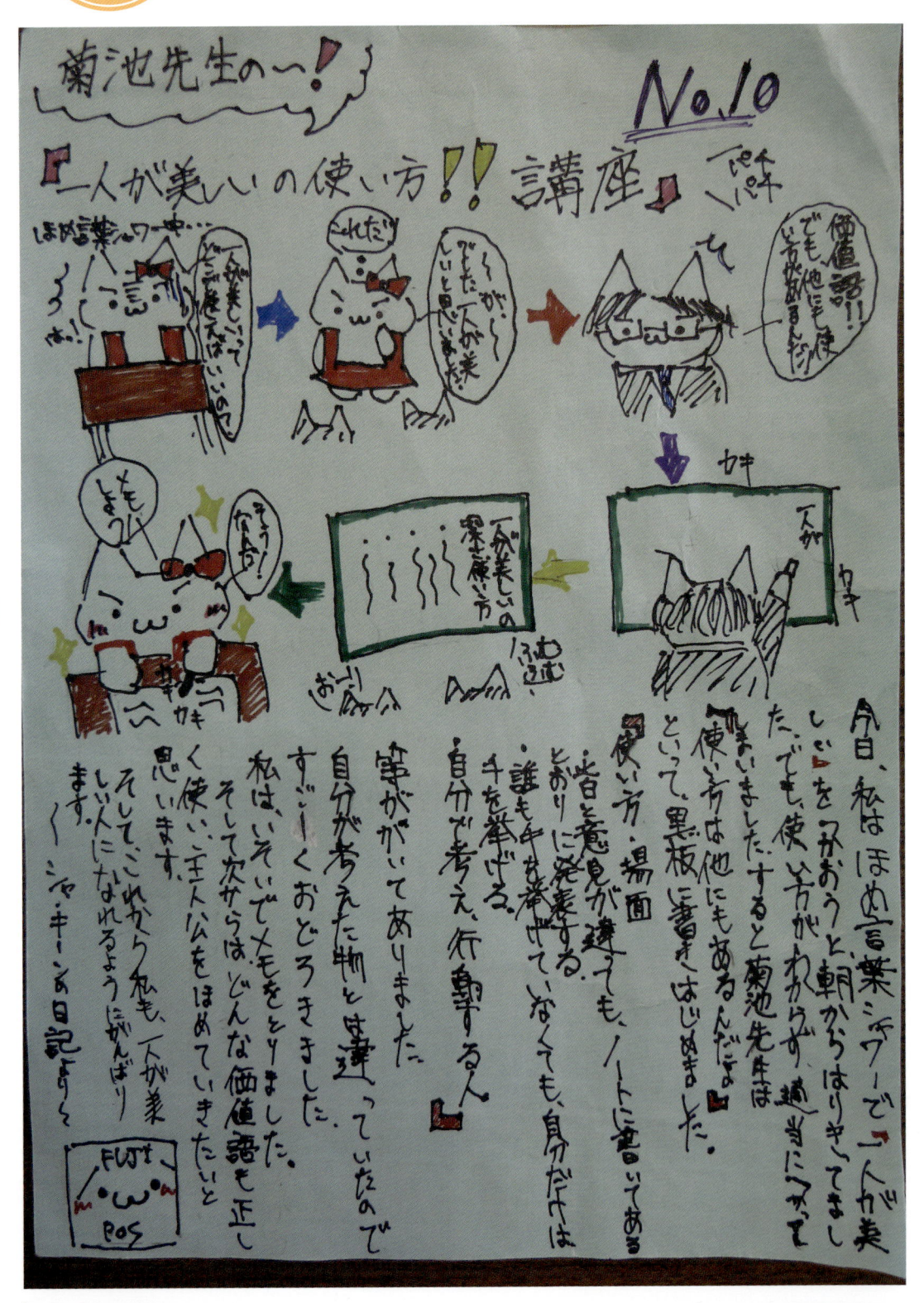

群れではなく、集団になれ

「群れではなく、集団になれ」とは菊池先生のよく言われる言葉です。群れとは弱い者同士で集まり、排他的な集団です。また、集団とは強い個が集まり、高め合う集団です。自分たちが自信を持ち、教室に安心感があると、強い個に対する理解が進みます。それを象徴する言葉が、一人が美しいです。
○皆と意見が違っても、ノートに書いてあるとおりに発表する。
○誰も手を挙げていなくても、自分だけは手を挙げる。
○自分で考え、行動する人。
が強い個の例として挙げられています。

　藤井ポスター社も１０号になり、強い個を目指すように成長してきているのかもしれません。また、藤井さんの字にも力強さが表れ、内面の成長が見られます。

▲一人で考える

▲群れではない支え合う集団

第4章　価値語を育む「係活動」◆

第5章 写真が語る価値語

内藤慎治

第5章 写真が語る価値語

「価値語」で学び育ち合う子どもの事実

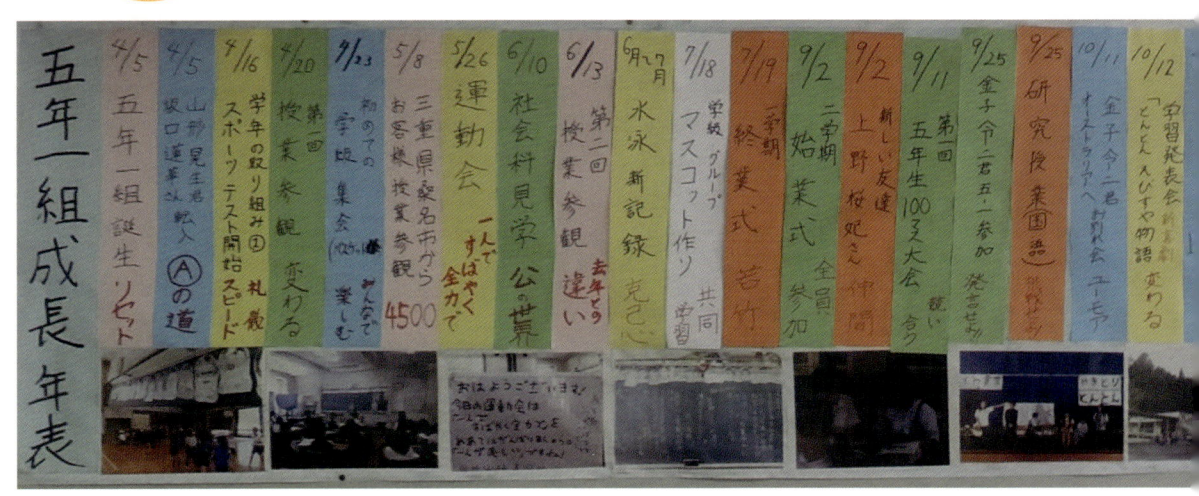

■「価値語」とは

「社会」（公）を意識した価値ある言葉のことです。子どもたちの具体的な考え方や行動をプラスに導く言葉です。たくさんの価値語を得ることで子どもたちは個々が自立し、望ましい集団を形成していきます。一年間を見とおすなかでいつ・どのような言葉を子どもたちに伝える必要があるのかを考えながら進めていく必要があります。

意図的に教師が教えておくべき価値語と子どもの成長の事実に合わせ、子どもの姿や言葉から生み出し伝え広める価値語があります。

■ どのように価値語を示すのか

1. 教師が意図的に教える
   子どもたちが考えつかないような言葉や行動は教師が教え、伝える必要があります。
   □公に強くなれ　□学び合い＝寄り添い合う　□白熱せよ　□リバウンドしない
   □細部にこだわれ　　　など

2. 子どもの姿を価値づける
   普段見ている何気ない子どもの姿を価値のあるものとして全体に伝えます。
   □美しい涙　□沈黙の美しさ　□一人が美しい　　など

3. 子どもから出てきた言葉を価値づける
   会話やノートなどに出てくる言葉を意味のあるものとして価値づけます。
   □自己開示　□教室は家族　など

下の写真は、「成長年表」です。日常ではない事実を「非日常」ととらえ、成長の場として、短冊にして貼ります。赤い字は、その事実から得られる価値のある言葉や行動を示しています。

■ 菊池学級の価値語例

1．公に強くなれ		年間をとおして常に意識させる
2．学び合い＝寄り添う		日々の授業の中で意識させる
3．白熱せよ		話し合いを大切にした授業の中で意識させる
4．一人が美しい	一年間を見とおした代表的な価値語	自分の考え行動を大切にしている群れない子どもの姿から
5．沈黙の美しさ		深く思考する子どもの姿から
6．細部にこだわれ		細かいことを大切にし、成長させるために
7．美しい涙		生活の中にある知的な涙・努力の涙から
8．自己開示		自分らしさを出し合う無邪気な姿から
9．教室は家族		自信と安心のあふれる学級の様子から
10．リバウンドしない		卒業しても元に戻らない自分を育てさせる

第5章　写真が語る価値語 ◆

■「価値語」の生かし方（関連させる）

● 価値モデルのシャワー

目　的　「価値モデルのシャワー」とは、価値のある子どもの姿を写真に撮り価値語と共に教室内に掲示し、視覚的・継続的に子どもたちに伝えていく取り組みです。そうすることで価値のある行動や言葉を意識的に伝えていくことができます。

作り方　①八つ切りの色画用紙に、価値ある子どもの行為を撮った写真をＡ４サイズでプリントアウトし貼り付ける。
②価値語を記入し教室内に掲示する。

● 成長ノート

目　的　「成長ノート」とは、「成長」に必要なテーマを与えて書かせ、教師がそれに「励まし」のコメントを入れ、それを繰り返すことで成長を自覚させ、教師と子どもとの関係を強いものにします。価値のある言葉や行動を知ってどう考えたのか、自分はこれからどうしていくべきなのか、自分を振り返らせ、成長した姿を予想させることがとても重要です。

書かせ方　５ミリ方眼のノートを使用し、朝の会、帰りの会、道徳の時間などに書かせます。教師が書かせたい、考えさせたいと思ったときに書かせます。

● 成長年表

目　的　「成長年表」とは、日常ではない行事的な事実を「非日常」ととらえ、成長の場とし、短冊にして貼っていくものです。赤い字は、その事実から得られる価値のある言葉や行動を示しています。成長の歴史を刻むことでレベルを下げず、常に成長することを意識化させることがねらいです。それを視覚的にし、自分たちの成長の足跡をふり返り、クラスで「今」の事実を共有することはとても大切なことです。

作り方　非日常である「行事」を中心に貼っていきます。そして、赤の字の価値語は子どもたちに行事前に「今回の行事で学ぶべきこと」として示したものです。そうすることでその行事が終わった後には、成長した言葉がクラスに一つプラスされることになります。

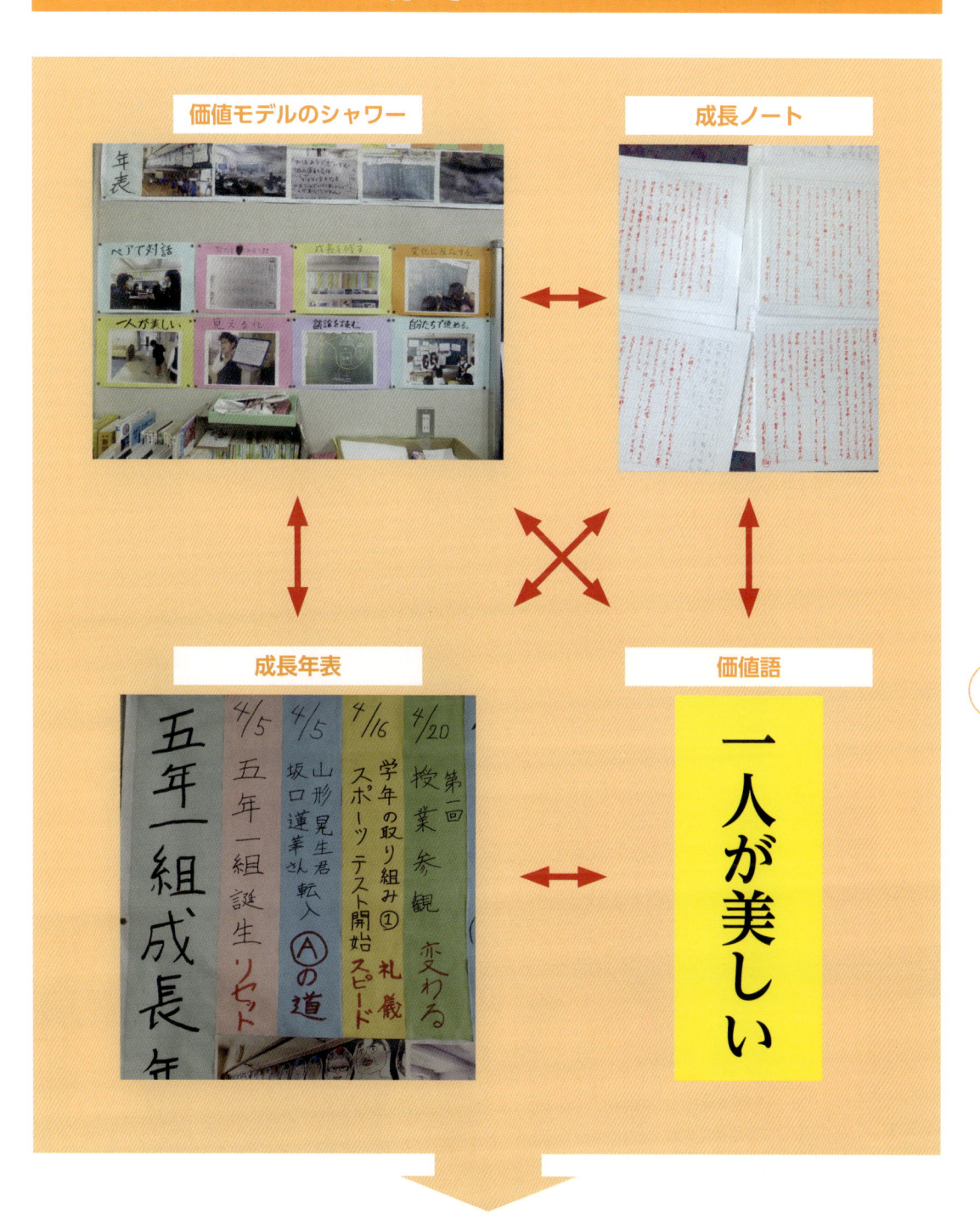

価値語と関連させることで育つ子ども

価値モデルのシャワー ↔ **成長ノート**

↕ ✕ ↕

成長年表 ↔ **価値語**

一人が美しい

⬇

「社会」（公）を意識し、「社会」（公）に通用する子どもの成長

第5章 写真が語る価値語 ◆

第5章 写真が語る価値語

① 「公」に強くなれ

写真1　卒業式

写真2　学習発表会

社会を強く生きる人間を育てる ―「『公』に強くなれ」

「公」とは、「一般社会」を指しています。いずれは社会に出ていく子どもたちです。小学生から少しずつその社会を意識しながら日々の生活を送ることで、社会で生き抜く一般性やその強さを身につけてほしいという願いの込められた価値語です。

● 写真1　卒業式

　この写真は「卒業式」に子どもたちが掲示したものです。「卒業式」は、「非日常」であり、多くの地域の方、保護者の方に見ていただく場です。その場において、来ていただいた方から「成長したね」と言っていただけるような立ち振る舞いをしなければいけません。

　まさに公を意識しなければいけない場です。そのような場において視覚的に掲示することは大変意義深いことでもあります。

● 写真2　学習発表会

　学習発表会の場も「非日常」の場です。そして、多くの人の前で「自分」を出す場です。いい意味でバカにならなければいけません。恥ずかしがったり、ふにゃふにゃしたりしているほうが恥ずかしいのです。「演じる」「仮面をかぶる」、これも公を意識しなければいけない意識でしょう。

■ 「公」に強くなれのねらい

公＝社会＝人前で堂々と自分を表現できる態度・心・姿

　公に強くなることは、人前でも自分の考えや意見を言える、自分を表現できるということです。自分を表現できなければ、公＝社会で生きていくことが難しくなります。そのために、小学生のときから少しずつ「公＝社会＝人前でも堂々と自分を表現できる態度と心と姿」を育てていくことはとても大切になります。このようなことを意識し、日々を過ごすことが社会で強く生きる人間を育てることになります。

■ 望まれる効果・使い方

　この言葉を伝えて行事（非日常）などに臨ませたときと、伝えないで臨ませたときでは成長の違いが大きいものです。なぜならば、この価値語を意識することによって、子どもたちは積極的に行動し、細かな立ち振る舞いもより美しくしなやかになるからです。行事（非日常）の前には必ず押さえたい言葉です。

■ 関連する価値語

- 相手軸
- いい意味でバカになれ
- 仮面をかぶれ
- 「公」に強くなれ
- 分をわきまえろ
- 非日常

第5章　写真が語る価値語

第5章 写真が語る価値語

②学び合い＝寄り添う

写真1 女子同士の学び合い

写真2 女子と男子の学び合いⅠ

写真3 男子と男子の学び合い

写真4 女子と男子の学び合いⅡ

助け合える人間を育てる ―「学び合い＝寄り添う」

「学び合う＝寄り添う」は、子ども同士が信じ合うことを大切にします。同じ学級の仲間だからこそ学び合うことが大切であり、学び合うためには心から相手に寄り添う必要があります。
「一人も見捨てない」という強い絆を生みだす価値語です。

● 写真1・2・3・4

　よく言われる「荒れている」学級では、このような姿を周りの友達が馬鹿にします。そのような雰囲気から「男子と女子が仲よくすることは恥ずかしく、馬鹿にされること」だと勘違いしていきます。そして、少しずつ男女で仲よくしている友達を排除しようとする雰囲気がクラスに出始めます。

　菊池学級では、そのような姿はありません。この写真は、授業時間に学び合っている姿です。個と多数、多数と多数。男子⇒女子、女子⇒男子、男子⇒男子、女子⇒女子などの姿も多く見かけられます。

　この写真の特徴の一つとして、子どもたちの立ち位置が理想的なことです。前に立って向かい合うのではなく、横に寄り添い心も体も相手を見捨てず、お互いに成長しようという気持ちが表れている姿です。菊池学級では、自然にこのような形が生まれています。

■「学び合い＝寄り添う」のねらい
社会において、学び合い＝寄り添うは当たり前の姿です。

　学び合うことで、学級の人間関係も確実によくなっていきます。大人の社会ではチームを組んで互いに尊重しながら仕事をするのが当たり前です。教室のなかでも社会と同様のことが言えます。

　学び合うためには、相手に寄り添う必要があります。心に壁があると学び合うことはできませんし、それは体の向きなどに表れてきます。何度も学び合いをしていくと、自然に距離感が近くなっていきます。これは、学ぶことに集中し、男女や人間関係を気にしなくなってきているからです。

■ 望まれる効果・使い方

　男女の仲やクラスの仲がとてもよくなります。互いに支え合おうとする姿をよく見かけるようになります。
「一人も見捨てない」という言葉がキーワードです。「学級とは、互いに高め合う場、互いに伸び合う場であり、そのためには一人も見捨てないことが必要なのです。社会も同じです」ということを伝え続けていくことが必要です。

■ 関連する価値語

一人も見捨てない　　学び合い　　寄り添う
　　目配り・気配り・心配り　　男女関係なく

第5章　写真が語る価値語 ◆

第 5 章 写真が語る価値語

③白熱せよ

写真1 意見交流

写真2 作戦会議

写真3 学びの構造図

人と意見を区別した議論のできる人間を育てる ―「白熱せよ」

「白熱せよ」は、話し合いを大切にする価値語です。「意見を戦わせる。真剣になる。そうすることで自分たちの考えが深まり成長につながる」ということを、子どもに伝えることで話し合いに一層の深みが増します。

● 写真1　意見交流
クラスの中にいくつかの話し合いの輪ができています。国語の授業で宮沢賢治の「やまなし」について議論をしています。一人ひとりが自分の意見をもち、自信をもって友達と意見交流をしています。

● 写真2　作戦会議
討論をするために廊下で作戦を練っている写真です。子どもたちは思考の見える化を図るためにホワイトボードを活用しています。準備に余念がありません。

● 写真3　学びの構造図
この写真は、6年1組の学びの構造化を行っている写真です。対話を大切にする6年1組では、土台としてほめ言葉のシャワーや学び合いがあり、そこからどのように成長するべきかを子どもたちと話し合いながら考えを構造化していった写真です。

■「白熱せよ」のねらい
話し合いは、考える力を伸ばします。そして、クラスの仲をよくする第一歩であり最終段階です。
「自分の考えを伝える」「相手の考えを受け入れながら聞く」このような力は「社会」（公）でも必要となる力です。何度も真剣な話し合いを行うことで、子どもたちは相手のことを認められるようになります。真剣に取り組むからこそ、話し合いにも深みが増し、一人ひとりの成長にもつながります。コミュニケーション力が必要とされる今日だからこそ、白熱した真剣な話し合いの経験が子どもたちの将来に生きるのです。白熱した対話のある話し合いを重ねることで、人と意見を区別できる大人が育つのです。

■ 望まれる効果・使い方
少しずつですが、相手を認める力、伝える力、相手の考えを受け入れる力が身についていきます。人は大きく変わりません。年間を見とおして小さな成長を認めていきましょう。
「白熱せよ」の中にどのような意味や願いを大人が込めているのかを伝える必要があります。その上で継続して使っていきましょう。

■ 関連する価値語

人と意見を区別せよ　　コミュニケーション力
白熱せよ
知的な学びを意識せよ

第5章 写真が語る価値語

④一人が美しい

写真1 5分前集合

写真2 掃除箱の整理整とん

自分で考え、社会を生き抜く人間を育てる ―「一人が美しい」

「一人が美しい」では、自分の考えや意思を大切にさせることがポイントです。「いつも友達と一緒にトイレに行く」「あの友達がやるから私もやる」というような考えではなく、「自分」という個の考えや意思を大切する。そして、周りもその姿を尊重する。そのような関係が個と学級を育てます。

● 写真1　5分前集合

自然教室で5分前行動の大切さを姿で語っている子どもです。早めに行動したほうがよいと判断したのでしょう。この子の行動をほめることで、また多くの子どもたちが次の集合から姿勢を正して「待つ」ことができるようになりました。

● 写真2　掃除箱の整理整とん

掃除箱の乱れに気づいた女の子が一人で掃除箱に向かい整理整とんをしている姿です。「自分で整理したほうがよい」という考えを行動に表している姿です。「一緒にやろう」ではなく、自分が気づき・考えた思いを行動としてすぐに表現できる心と姿が立派です。

■「一人が美しい」のねらい
自分の意思をもつ。そして、周りもその姿を認め合える学級に。

個を大切にしない風土が根づいていると、何をするにも友達の考えや行動をもとに同じことを望むようになります。それは、友達と「同じ」ことをすることで排除されないようにする防衛本能でしょう。自信のなさのあらわれです。

「一人が美しい」は、「自分の考え」「自分の意思」をもって自分に正直に素直に行動することに価値があることを子どもたちに伝える意味で使います。

そこには、周りの成長も欠かせません。「一人が美しい」ことにどれだけの価値があるのかしっかりと全体に伝えていく必要があります。

このような力が、社会に出ても自分で考え、社会を生き抜く力となるのです。

■ 望まれる効果・使い方

まず大きな動きとして、トイレに一緒にいくなどの群れ行為が減ります。そして、徐々に大切であると思う行動を行うようになります。例えば、「一人ですぐに掃除場所に行く」や「頼まれごとをしても一人で動く」ことなどが挙げられます。

「一人が美しい」と思われる行動を写真に撮り、全体に伝えることが学級全体に浸透させるよい方法です。

■ 関連する価値語

思いを行動に　　先を読む
一人が美しい
気の利いたことをしよう

第5章　写真が語る価値語 ◆

第5章 写真が語る価値語

⑤沈黙の美しさ

写真1 食事のあいさつ

写真2 傾聴

> ### 誠実に相手を考え受容し合える人間を育てる ─「沈黙の美しさ」
> 「沈黙の美しさ」には、「沈黙＝思考」「沈黙＝傾聴」の二つの意味があります。沈黙の美しさを理解することで、自分の思いを確実に相手に伝えよう、相手の話を真剣に聞こうという心の姿勢と体の姿勢が身につきます。

● 写真１　食事のあいさつ

　自然教室食事前の写真です。全体の前で一言話をして「いただきます」を言わなければいけません。その際、話の内容に行き詰まり話が止まってしまいました。その止まっている姿こそ「思考」している姿であり、一生懸命な姿なのだと価値づけてあげる必要があります。「沈黙」＝「思考」の姿です。

● 写真２　傾聴

　授業中、相手の話を真剣に聞こうとする姿です。目に力を入れて聞くこと「目力」を大切にしていることがよく見えます。

■「沈黙の美しさ」のねらい
沈黙＝思考，沈黙＝傾聴

「沈黙の美しさ」には二つの意味があります。「思考」している姿と「傾聴」している姿の２種類です。「沈黙＝思考」という考えがなければ、日常の授業でも「早く言えよ」「もう遅い」と周りがイライラし、攻撃的な発言や態度をとります。「相手は一生懸命考え思考しているのです。」「沈黙の姿は美しいですね。」と価値づけしてあげましょう。

「沈黙＝傾聴」は、沈黙して相手の話を聞くことで傾聴力が身につくということです。沈黙して相手の話を「がんばってね。それでいいよ」といった思いで聞く。「聞くことで、自分の成長に効く（効果がある）。」このような視点をもたせることがねらいであり、「効き合う」という価値語にもつながります。

■ 望まれる効果・使い方

　授業や全体の場で、「相手が沈黙しても待つ」という姿勢が身につきます。また、相手と意見を大切にしようという心も育ちます。

　日常の沈黙の美しさの場面を見逃さず、子どもたちに「今、深く考えているときですね。沈黙の美しさですね」と繰り返し伝えていきましょう。

■ 関連する価値語

沈黙の美しさ
- 傾聴力
- 思考力
- 迫力姿勢
- 効き合う
- 目力

第5章　写真が語る価値語

第5章 写真が語る価値語

⑥細部にこだわれ

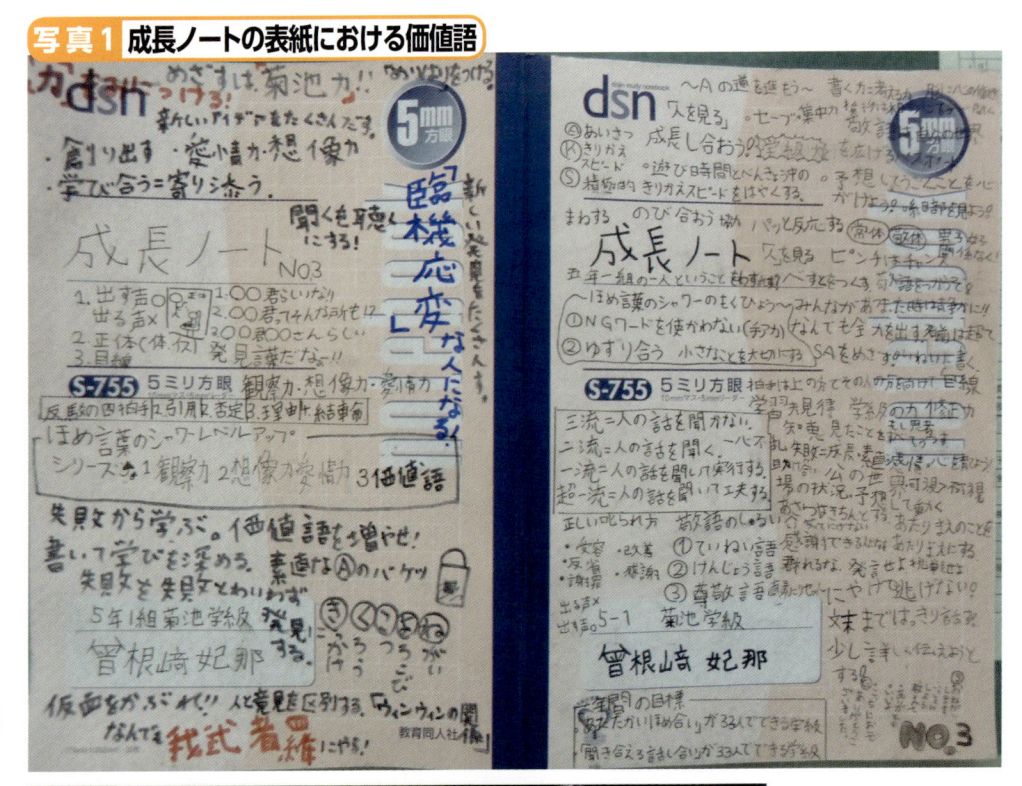

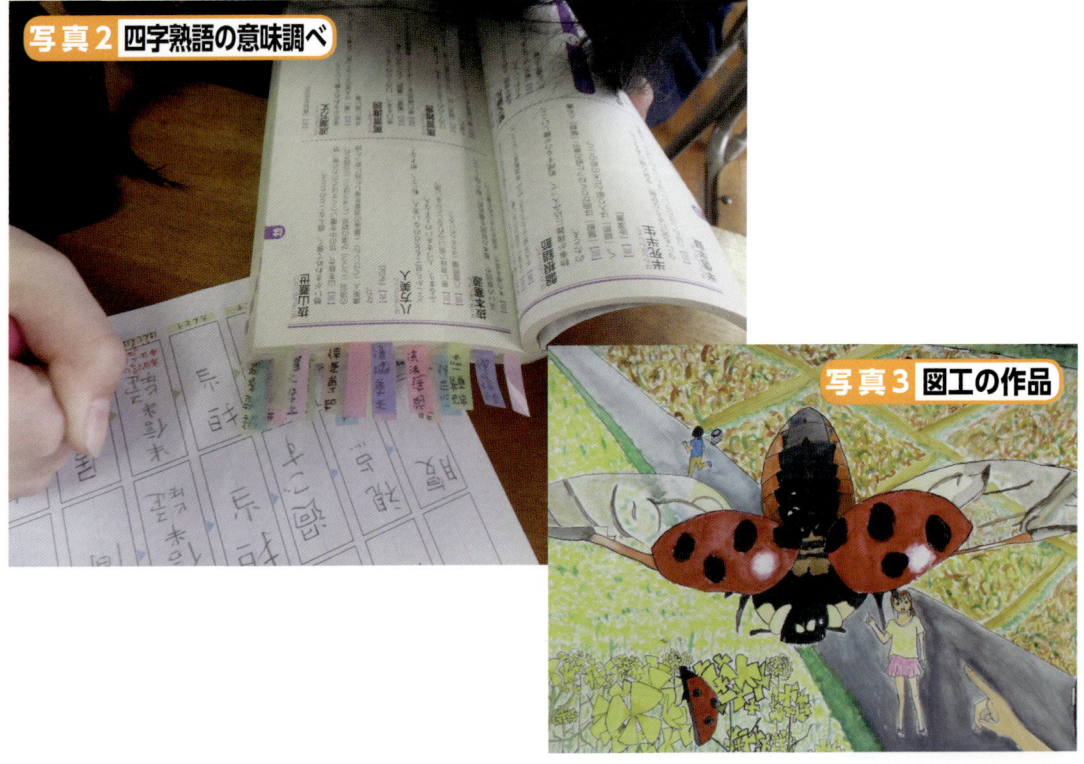

写真1 成長ノートの表紙における価値語

写真2 四字熟語の意味調べ

写真3 図工の作品

言動の細部を大切にする人間を育てる ― 「細部にこだわれ」

「細部にこだわれ」では、細かいことにこだわることが自分の成長につながることを伝えていきます。学習場面での重要度が高くなりがちな言葉ですが、真実は細部に宿るため基本的な日常生活のルール指導にも役立ちます。

● **写真1　成長ノートの表紙における価値語**

　これは自分がよいと思う価値語を表紙に書きこんでいった成長ノートです。言葉の積み重ねです。細かい部分ですがこのようなことの積み重ねによってノートが黒くなっていくことを子どもたちはいい意味で「黒い成長ノート」と呼び出します。

● **写真2　四字熟語の意味調べ**

　漢字の練習をしながら分からない言葉は四字熟語辞典で調べている子どもの姿です。一つ一つの言葉を大切にしている姿です。

● **写真3　図工の作品**

「僕の好きな世界」という題目に即し、細かい点にこだわって描くことができています。

■ **「細部にこだわれ」のねらい**

言動の細部まで気をくばれる人間の成長を目指します。

　「細部＝細かい部分」です。自分の言葉や行動・行為に責任をもつことを意識させます。言葉には力があり人によって受ける影響が違うことを伝えていきます。「言葉」を大切にすることが自分や周りを大切にすることにつながるからです。「行動・行為」においても同様です。

　このように細部にこだわらせることで子どもたちは、丁寧さを身につけ、それにより心も体も落ち着いていきます。それが学級によい影響をもたらし、社会に生きる力として生かすことができます。

■ **望まれる効果・使い方**

　細かいことを大切にしていこうとするクラスの風土ができあがっていきます。また、言葉を大切にし始めます。細かい言葉の端々を調べ、聞き取る子どもたちが育っていきます。

　細部にこだわる視点を与える必要があります。こだわらなくてもよい時、場所、場合の判断も子どもたちに少しずつ与えていく必要があります。

■ **関連する価値語**

- 足元をみよ
- 極微の成長を喜び合う
- 名前をていねいに書く
- **細部にこだわれ**
- 自分の言葉に責任をもて
- 細部の積み重ね
- 「たかが」と「されど」

第5章　写真が語る価値語 ◆

第5章 写真が語る価値語

⑦美しい涙

写真1 ディベート後

写真2 係活動

> ## 知的な学びの楽しさを知る人間を育てる ― 「美しい涙」
> 「美しい涙」とは、子どもたちの深い学びから出てきた価値語です。「涙」はマイナスにとらえられることが多いのではないでしょうか？「美しい涙」は子どもたちが精一杯努力をした結果から生まれる価値ある涙のことです。

● 写真1　ディベート後

　ディベート後の姿です。参観者（判定者）の聞きとり間違いがあった。そこで真実を追求しようとしたにも関わらずそれができなかった。そのことに対して涙を流している様子です。これは、この女の子が人一倍、一生懸命準備をし、学びを充実させたかったことを表しています。学びへの誠実さを表している涙です。

● 写真2　係活動

　係活動のダンスバトルにおいて、チームを勝たせることができなかった女の子の涙の様子です。負けたことへの悔しさはもちろんですが、それよりも仲間を、チームを勝利へ導くことができなかったことへの悔しさが大きかったようです。

■ 「美しい涙」のねらい
知的な学びの高さ、楽しさ、努力の深さを子どもたちに価値付けることが大切。

　子どたちは、何も伝えなければ「涙」をマイナス的にとらえます。しかし、「流す涙によっては価値があるものもある」ということを伝えなければいけません。誠実に努力した量に伴って、結果が出ないときの涙に変わる。それは学びや努力の高さを表し、精一杯してきた証でもあるのです。このような経験を何度も繰り返すことで、心も大きく育ちます。

■ 望まれる効果・使い方

　一生懸命取り組むことをマイナスにとらえる子どもがいなくなります。何事にも努力しようとする子どもが育ってきます。
　涙を流す子どもがいたときに、この価値語を使って価値付けてあげましょう。温かい雰囲気が学級に広がります。

■ 関連する価値語

知的なものへの尊敬　　美しい涙　　下克上
　　　　失敗を恐れるな　　向上心

※左上の写真は、セピア色で撮ったものです。

第5章 写真が語る価値語

⑧自己開示

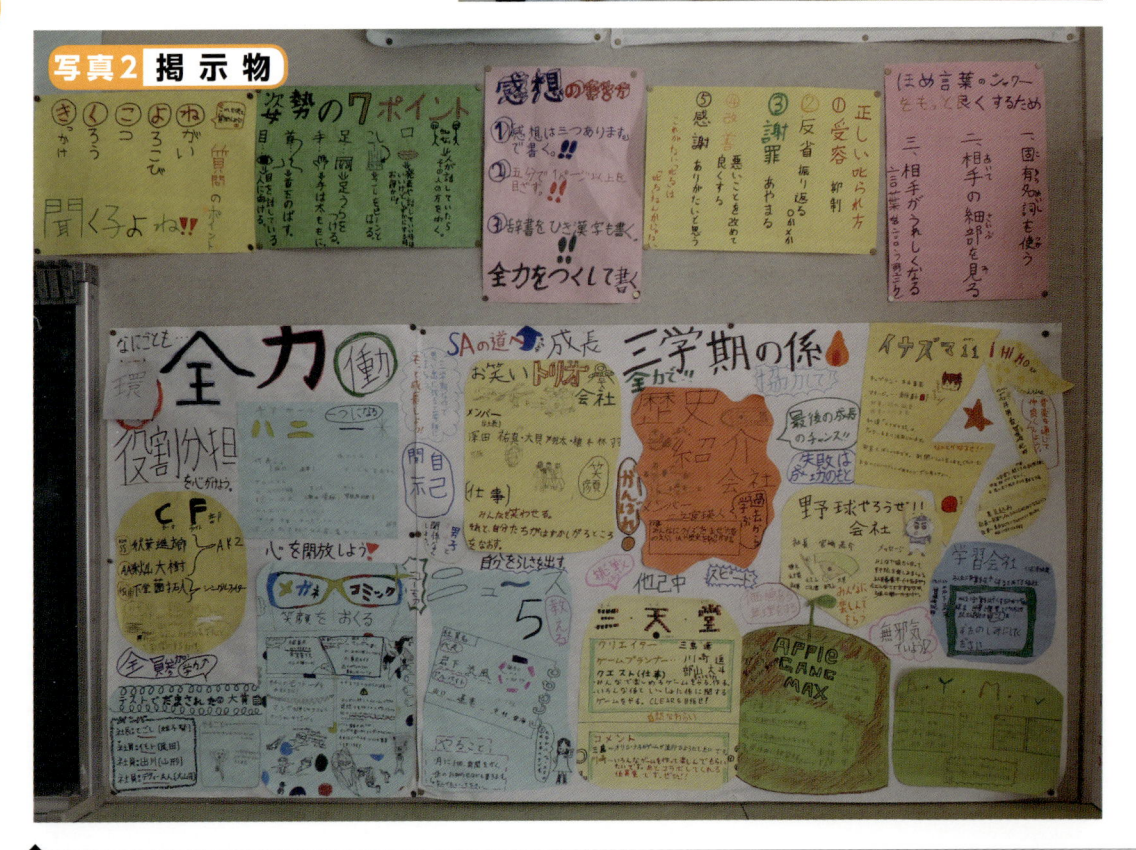

写真1 係活動

写真2 掲示物

自分が好きと言える人間を育てる ―「自己開示」

「自己開示」とは、自分の心を開き、素直な自分を表現することです。心を開くことで子どもたちは生き生きします。そして、互いを認め合い、互いの成長をほめ合えるようになります。その中で、自分らしさを見つけ、「自分のことが好き」という子どもたちが育ちます。

● **写真1　係活動**

　係活動の様子です。自己開示という言葉どおり、子どもたちは全身を使ってダンスを披露しています。学級の温かい風土があるからこそ子どもたちは指先から全身までを伸ばし、恥ずかしがらずにダンスを披露することができるのでしょう。

● **写真2　掲示物**

　係活動の掲示物の写真です。「自分たちがやってみたい」「クラスを楽しませることができる」を条件に、自分たちで係を創り出します。決まった以上、それぞれの係活動を互いに認め合い、自己開示できる場にしていくことが大切です。

■ **「自己開示」のねらい**

自己開示⇒互いに認め合う⇒自分らしさの発見⇒自分のことが好きになる。（自尊感情の高まり）

　楽しい学校生活を送るうえで、「自分らしさ」を素直に出せるということは重要です。学級づくりの土台でもあります。自分を表現できる場をもつと子どもたちは生き生きします。それぞれの得意分野、好きなことがあるからこそです。自分らしさを表現することが自己開示です。自分らしさを表現できた児童をほめ、自信がない児童の変化には極微の成長を見ておかなくてはいけません。その変化に気づいたときにほめて、それをクラス全体に広めていきましょう。

■ **望まれる効果・使い方**

　子どもたちが「自己開示」できる学級風土をつくることで、それぞれが輝きだします。そして、「クラスが楽しい」「学校が楽しい」となるのです。

　係活動のねらいの一つとして「自分らしさ」を見つけるというねらいを設けましょう。それが「自己開示」につながっていくことを伝え、どのような姿が「自分らしさ」なのか、「自己開示」をした状態がどのような姿なのか考えさせていくとよいでしょう。「焦らず、少しずつ、ゆっくりと」がポイントです。

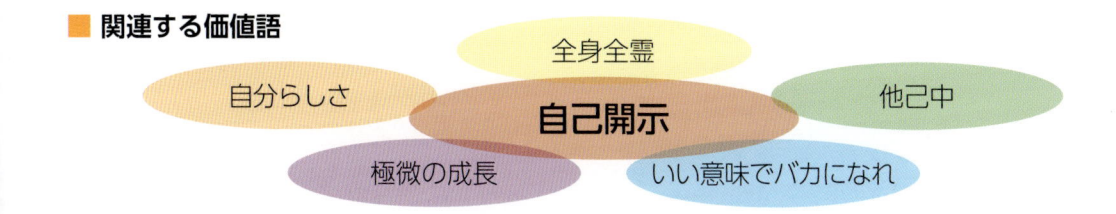

■ **関連する価値語**

全身全霊／自分らしさ／自己開示／他己中／極微の成長／いい意味でバカになれ

第5章 写真が語る価値語

⑨教室は家族

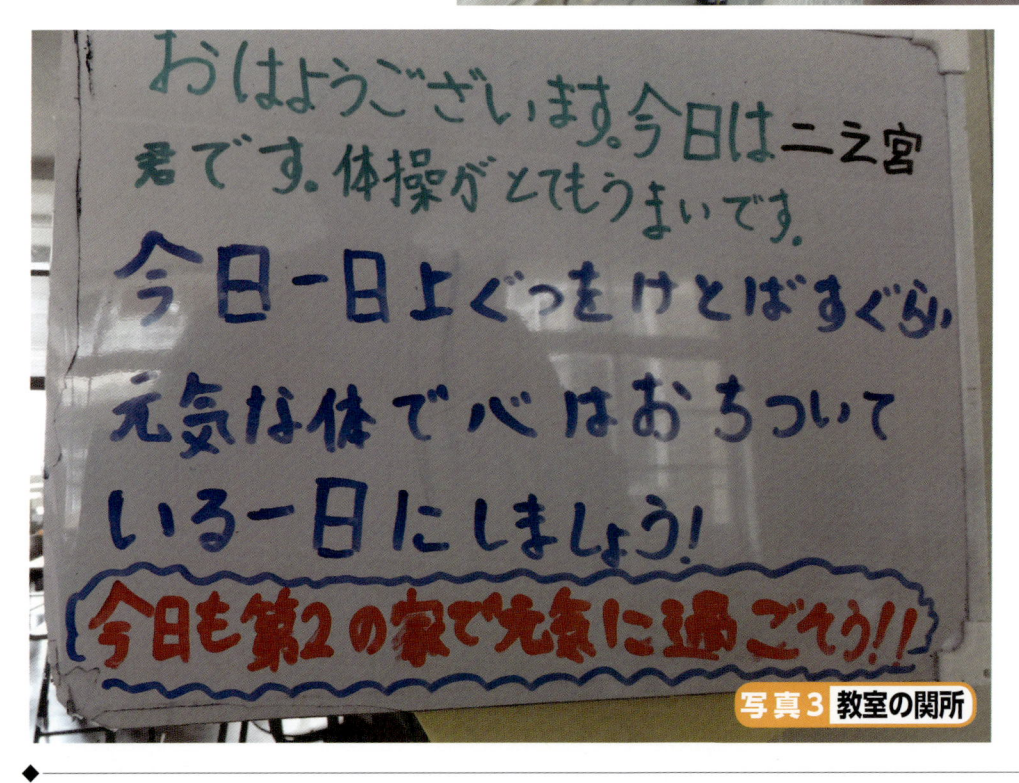

写真1 係活動

写真2 登校風景

写真3 教室の関所

おはようございます。今日は二之宮君です。体操がとてもうまいです。今日一日よぐっをけとばすぐらぃ元気な体で心はおちついている一日にしましょう！

今日も第2の家で元気に過ごそう！！

安心感のある集団を構成する人間を育てる ―「教室は家族」

「教室は家族」は、子どもから出てきた言葉です。家よりも過ごす時間が長いのが学校です。その場を安心できる第2の家、家族と考え、意識して過ごすことはとても大切です。
　そうすることで、子どもたちは友達とのつながり、教師とのつながりを見つめなおします。

● 写真1　係活動
　係活動の様子です。男女関係なく、みんなで集中して演奏している姿は微笑ましいです。

● 写真2　登校風景
　同じクラスの男女が仲よく登校している写真です。仲よく登校していた姿をたまたま撮影することができました。なかなか通常の学級ではこのような姿はみられません。仲の悪い学級では絶対にないでしょう。このように男女が共に登校していても当たり前のように受け入れるクラスの仲間。教室は家族なのです。

● 写真3　教室の関所
　教室の関所の写真です。「今日も第2の家で元気に過ごそう」と書いてあります。そう思える学級に成長しているということでしょう。

■「教室は家族」のねらい
教室は第2の家であり、友は第2の家族である。安心と自信を育てることを意識しましょう。
　教室は家族という価値語を伝えることで、「家族」について考え始めます。「家族」がいる家では、全員が安心して過ごせる雰囲気や気を許せる心が必要になります。その部分を日々意識させることで、友達とのつながり、教師とのつながりを考えだします。

■ 望まれる効果・使い方
　男女の仲やクラスの仲がとてもよくなります。つながりを見つめなおし、安心して過ごすクラスにするためにはどうしたらよいのかを考えます。
　学級目標の一つにしてもよいのかもしれません。家よりも過ごす時間が長いのが学校です。それを第2の家族、家と言わずして何と言いましょうか。第2の家、家族を大切にすることを考えると、何をどうすればよいか、自ずと子どもたちからその答えが出てきます。

■ 関連する価値語

自信　　教室は家族　　安心
　　子ども同士のつながり　教師とのつながり

第5章 写真が語る価値語
⑩リバウンドするな

写真1　卒業生の掃除

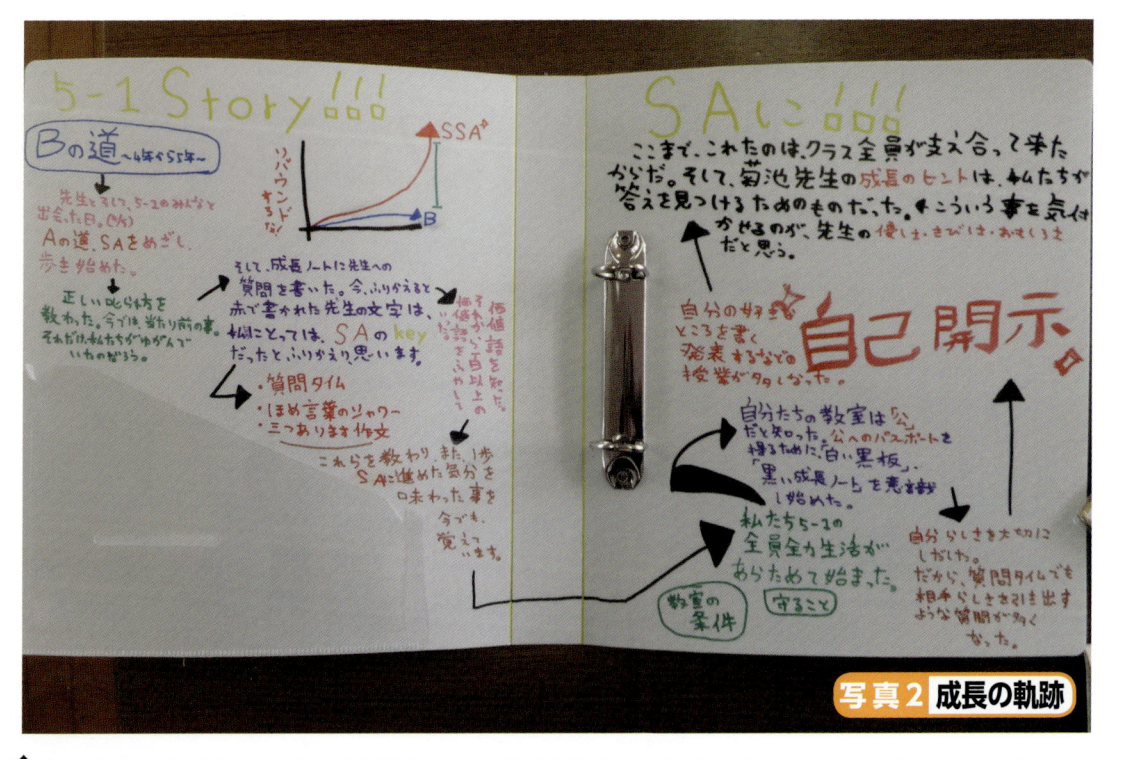

写真2　成長の軌跡

日々の研鑽 ― 「リバウンドするな」

「リバウンドするな」は、進級した学年、進学した学校において、成長する前の自分に戻らないようにすることを意識させる価値語です。次の学年、学校が荒れても多くの価値語を学び、心が成長した子どもたちであるならば大きく崩れることはないでしょう。

● **写真1　卒業生の掃除**

　卒業生が春休みに学校を訪れ掃除をしてくれている写真です。なかなかこのような姿を撮ることはできません。だからこそ、価値語を意識させた日常に価値があるのです。

● **写真2　成長の軌跡**

　自分たちの成長の軌跡を表し、菊池先生にプレゼントしたファイリングノートです。自分たちの成長と変化を実感としてもっているからこそ書けることです。

■ **「リバウンドするな」のねらい**

進級・進学した後の姿が勝負です。その姿を予想させ、考えさせることも大切です。

　「前はこうではなかったのに・・・」と言う言葉がときどき聞こえてきます。次の学年、次の学校に進んだときの声です。次の学年の先生や学校の責任にすることは簡単です。ただ、受け持ったときに責任をもって大きく心を成長させ、考え方に価値のある内容や事柄が入っていれば、大きく崩れることはないでしょう。

　このことは子どもたちにも伝えます。「レベルを下げる」「元に戻る」「リバウンドする」このようなことでは、子どもたちの成長はまだまだ不十分です。私たちが次の学年、学校にも影響を与えるだけの指導の在り方を身につけることも必要なことではないでしょうか。

■ **望まれる効果・使い方**

　「レベルを下げるな」は年度中にもよく使います。「リバウンドするな」は年度末に使います。次の学年、学校を意識した考えをもち、日々を過ごすようになるため、より高い子どもたちの成長が見られるようになります。

　これまでの価値語などを実践していくことで、子どもたちは年度末に大きく成長しています。4月から3月までの成長年表や成長ノートなどを用いて自分の成長を比較させることが大切です。

■ **関連する価値語**

- 自分との勝負
- 公へのパスポート
- **リバウンドするな**
- レベルを下げるな
- 易きに逃げるな

第5章　写真が語る価値語

第6章 試練の10番勝負

菊池省三

第6章 試練の10番勝負
○試練の10番勝負のねらい

■ 試練の10番勝負のねらい

　1年の終わりに、「試練の10番勝負」をここ数年行っています。
　1年の締めくくりとして、私の与えるテーマで10時間の授業を行い、「試練の10番勝負」と名づけています。
　1年間の成長を自覚させ、4月からの新しい生活に向けての心構えを持たせるというのがそのねらいです。

■ 具体的な内容

　平成24年度の6年生と平成25年度の5年生の「試練の10番勝負」の授業テーマは、以下のとおりです。
　各授業は、基本的に1時間です。

【平成24年度　6年生】
1．第1戦
「私にとって6年1組とは何だったのか？」
2．第2戦
「渡邊さんのチョンマゲは何の象徴なのか？」
3．第3戦
「成長ノートは私の何をどう育てたのか？」
4．第4戦
「なぜ、6-1は話し合いが成立するのか？」
5．第5戦
「言葉(価値語)を得て自分はどう変わったのか？」
6．第6戦
「6年1組を漢字一文字であらわすとしたら何か？」
7．第7戦
「『ほめ言葉のシャワー』は、なぜ6年1組を変えたのか？」
8．第8戦
「6年1組の特徴・特長は何か？(生活編)」
9．第9戦
「6年1組の特徴・特長は何か？(授業編)」
10．第10戦
「ことばの力とは何か？」

【平成25年度　5年生】
1．第1戦
「ほめ言葉のシャワーで、ＳＡとはどのような行為がとれる人か？」
2．第2戦
「リバウンドしないでＳＡのその先に行くために必要なものは何か？」
3．第3戦
「5年1組を漢字一文字、四字熟語であらわすと何か？」
4．第4戦
「○○君の成長から学ぶべきことは何か？」
5．第5戦
「対話力アップ　価値語で私はどのような成長をしたか？」
6．第6戦
「仲よくなれたヒミツは何か？」
7．第7戦
「5年1組の特長・特徴は何か？(生活編)」
8．第8戦
「5年1組の特長・特徴は何か？(学習編)」
9．第9戦
「『係活動』は5年1組にとって何だったのか？」
10．第10戦　「ことばの力とは何か？」

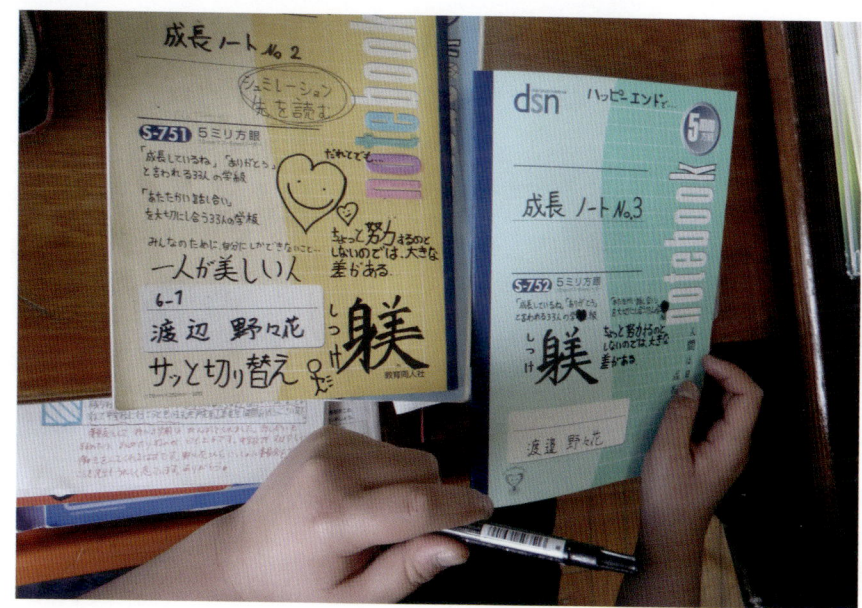

「試練の10番勝負」でのキーワードは、
・成長
・言葉
・自分らしさ
・学級、集団
・価値語
といった言葉です。

　活動の流れの基本は、
1．テーマを理解する
2．個人の考えを書く
3．黒板に書く(白い黒板)
4．発表し合う
5．感想交流をする
6．成長ノートに感想を書く
といったものです。

　抽象的で難しいテーマもありますが、1年間の集大成として取り組んでいます。

　授業が終わると、子どもたちは自分や自分たちの成長を改めて実感し、さわやかな表情を見せてくれます。

第6章　試練の10番勝負 ◆

第6章 平成25年度5年生　試練の10番勝負第1戦

①ほめ言葉のシャワーで、SAとはどのような行為がとれる人か？

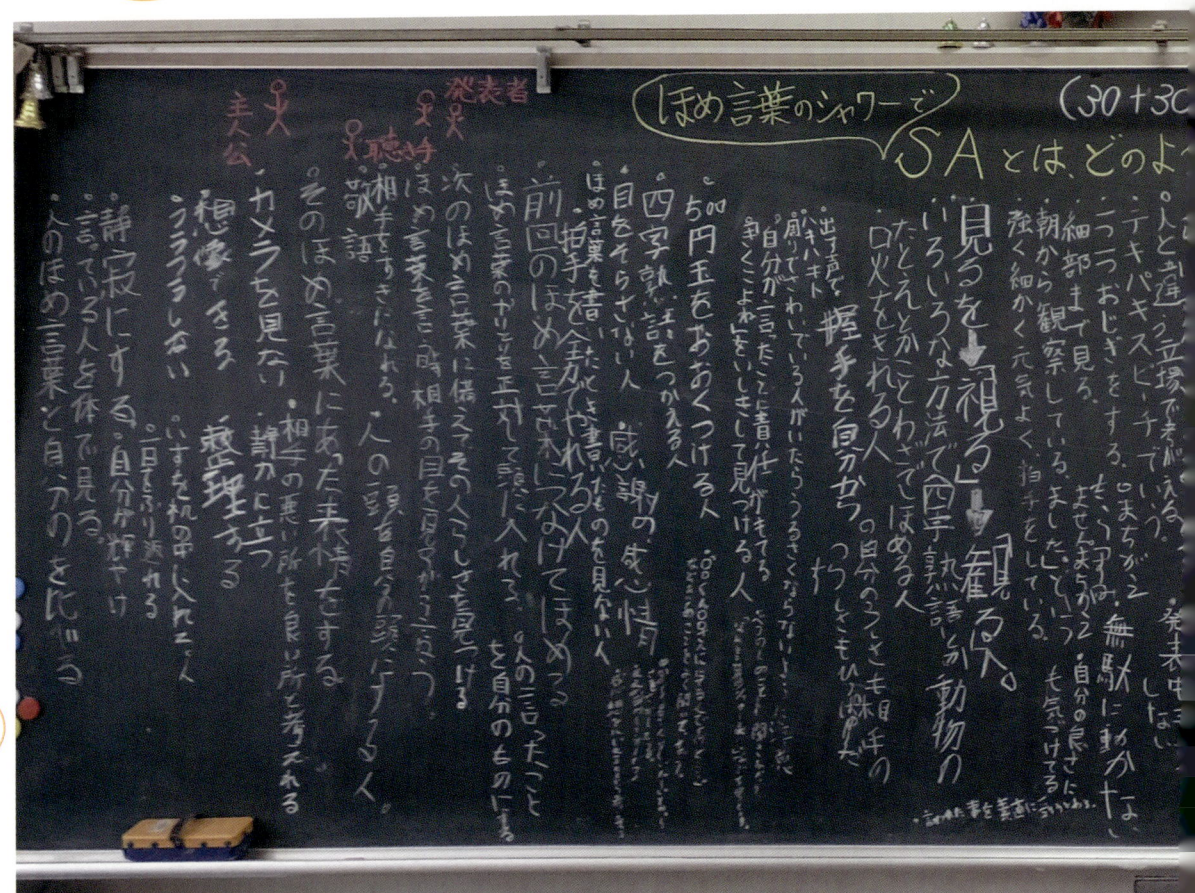

116

■ 第1戦のねらい

　成長しないBの道ではなく、努力して成長するAの道を子どもたちは4月から目指してきていました。そのAの道の上を行くSAを、3学期に入った頃から全員が新しい目標とし始めました。
　しかし、その具体的な行為は明確にはなっていませんでした。
　そこで、1年間取り組んできた「ほめ言葉のシャワー」における具体的な行為を考えさせることで、SAとは「小さな行為も大事にする人」「学級全体のことも考えて行動できる人」ということを理解させようとしたのです。

■ 子どもたちの事実

　初めての「試練の10番勝負」を行った子どもたちは、「白い黒板を見て、細部にこだわることが成長につながることがよく分かった」「自分だけではなく、相手軸に立った行為ができるようになりたい」といった感想を多く書いていました。
　その後の「ほめ言葉のシャワー」だけではなく、日常の様々な活動のレベルが大きく変わりました。

自分の成長だけではなく、学級集団を高めるために自分の力を発揮できる人のことを「ＳＡ（スーパーエー）」と子どもたちは呼ぶようになりました。その具体的な行為を、1年間取り組んできた「ほめ言葉のシャワー」ではどのようなものかを考えさせた授業です。

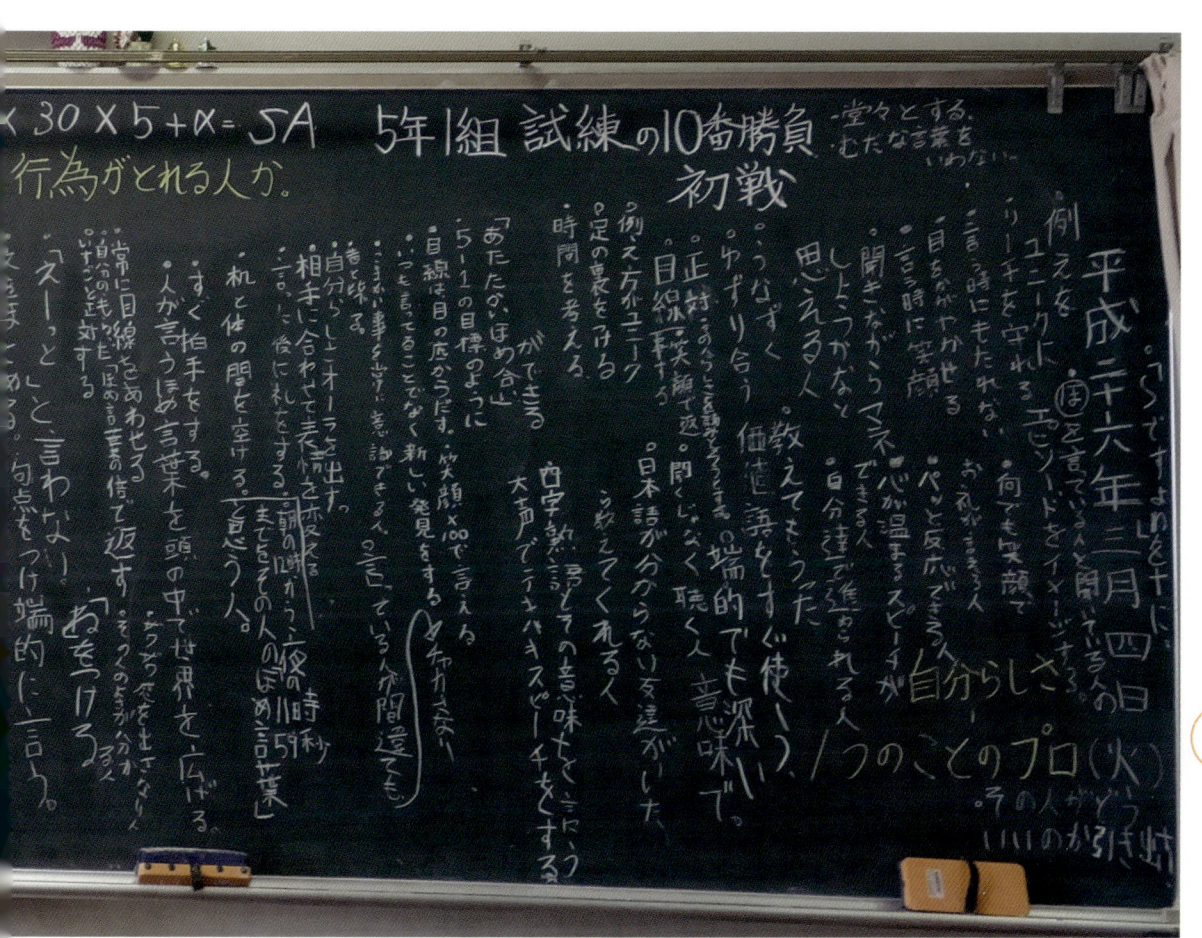

1年間過ごした子どもたちは、自分にも自信を持っていたのでしょう。それが、この取り組みで再認識できる喜びを感じたのでしょう。

授業後の表情を見ても、次の「試練の十番勝負」に期待をしているようでした。成長を加速させたいという思いの強さを感じました。

第6章　試練の10番勝負 ◆

第6章 平成25年度5年生　試練の10番勝負第2戦

②リバウンドしないでSAのその先に行くために必要なものは何か？

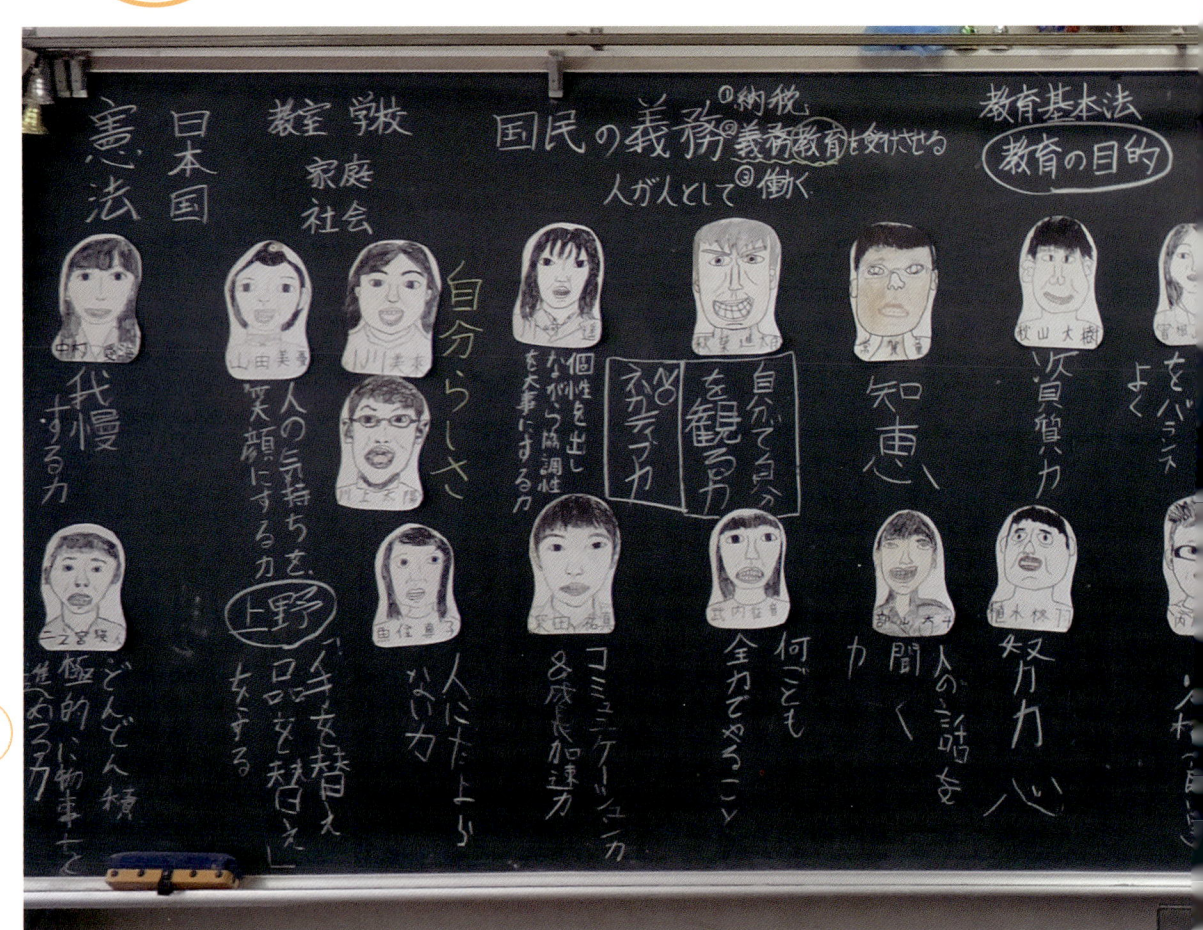

■ 第2戦のねらい

　教育基本法の第1条を示しながらの授業でした。環境が変わっても、学び続ける人間を育てたいという私の強い思いがありました。「子どもを育てるのではない。公の社会で役に立てる人間を育てるのだ」という私の強い思いがありました。
　「第1条（教育の目的）教育は、人格の完成を目指し、平和で民主的な国家及び社会の形成者として必要な資質を備えた心身ともに健康な国民の育成を期して行われなければならない。」

■ 子どもたちの事実

　子どもたちは、当然のことですが、教育基本法にある「教育の目的」は知りませんでした。一人ひとりに渡した条文を読んで、神妙な顔をしていました。
　今を頑張っていればいい、ということではないことに気づいたようでした。4月からは、新しい学級になることは分かっていましたから、その先をどう生きていくのかということを真剣に考えようとしていました。

◆

「リバウンド」という言葉があります。担任が代わったり、学級が新しくなったりすると、以前のマイナスの状態に戻ってしまうということです。進級後にそうならないために、何が大切なのかを考えさせた授業です。

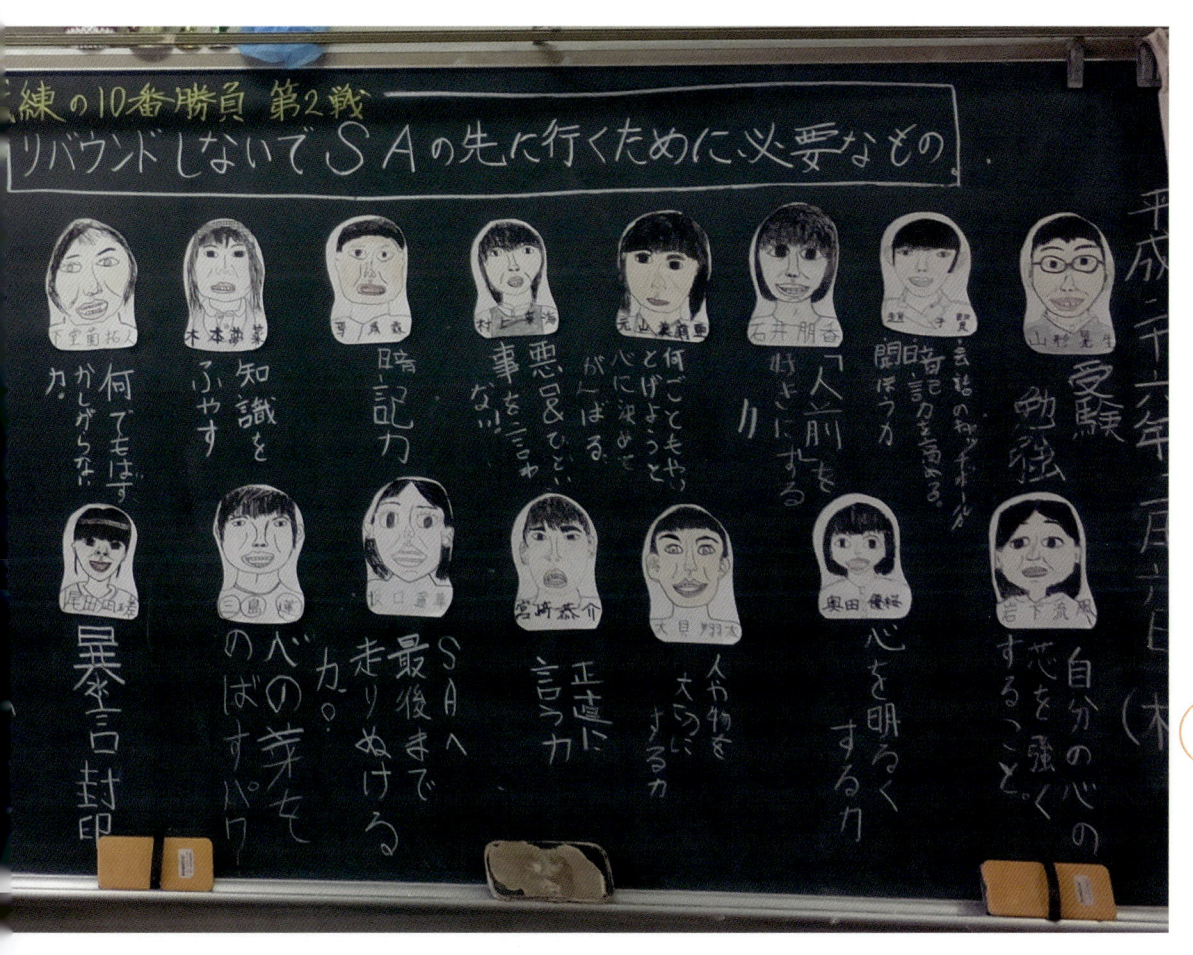

自分らしさを大切にして、他者と協力し合いながら仕事のできる人間になろうという私の言葉に大きく頷いていました。

「一般性を身につけた自分らしさを『個性』という。一般性のないそれは、ただの『野生』である」と言い続けてきました。子どもたちなりに理解してくれていたようです。人間としての総合的な力を大切にしようという気持ちが伝わってきました。

第6章 試練の10番勝負 ◆

第6章 平成25年度5年生 試練の10番勝負第3戦

③5年1組を漢字一文字、四字熟語であらわすと何か？

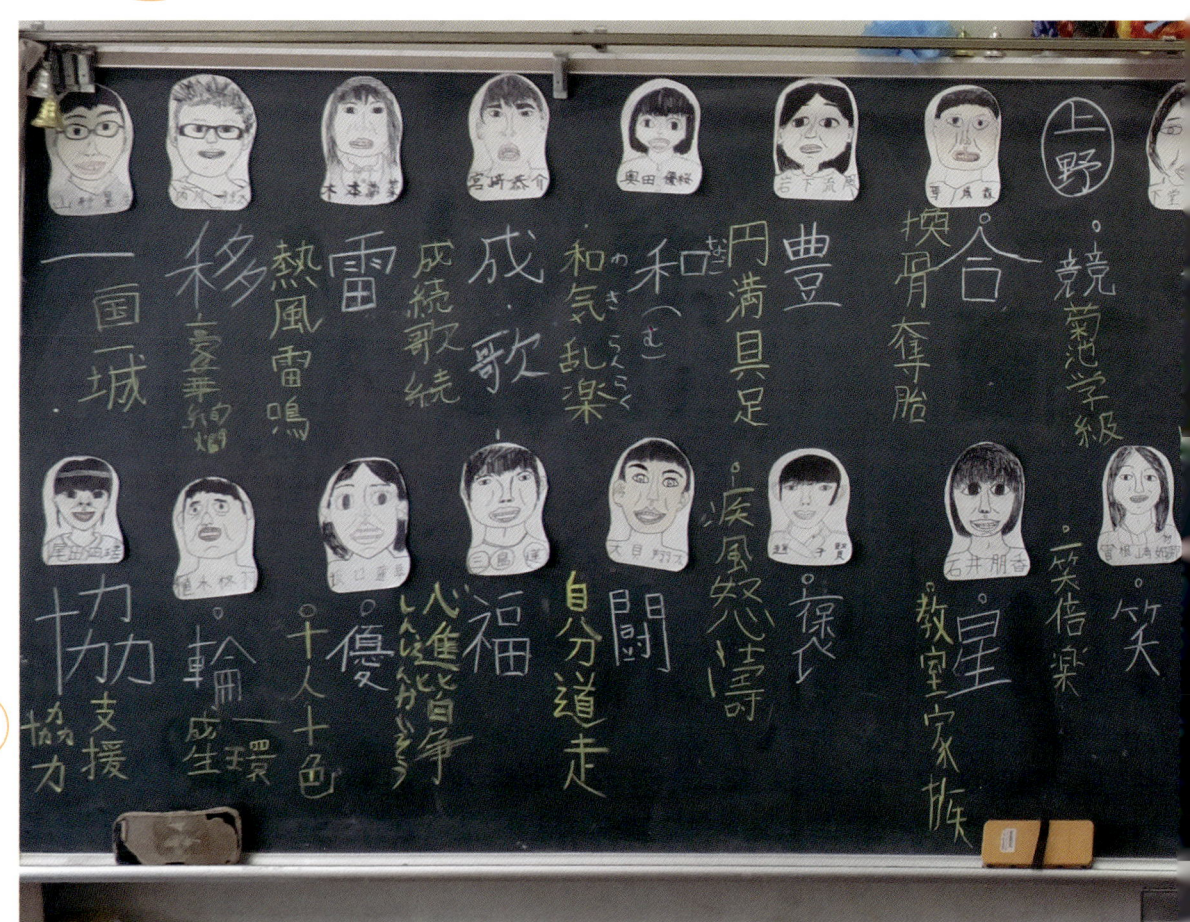

■ 第3戦のねらい

　子どもたちが、1年間過ごした「5年1組」という学級を、どのようにとらえているのかを知ろうと考えました。文章で書かせるよりも、意味のある漢字で表す方がよりはっきり分かると判断してこの授業を行いました。

　そして、一人ひとりがその理由を発表し交流し合うことで、自分たちの「5年1組」という集団を深く理解させようと考えました。

■ 子どもたちの事実

　子どもたちの中で、注目が特に高かった四字熟語の中に「教室家族」という言葉がありました。「みんなが家族のように仲良くなっている」「『第2の家庭』のような安心感がある」といったことが、その主な理由でした。

　お互いが認め合い、共に成長し合おうとしている自分たちに、自信が持てていたからでしょう。三学期の修了式までの教室は、温かい雰囲気に包まれていました。

◆

言葉にこだわった授業でした。漢字を使った授業です。漢字一文字と四字熟語で1年間の学級をふり返らせました。その後、その理由を発表させてお互いの思いを理解し合いました。

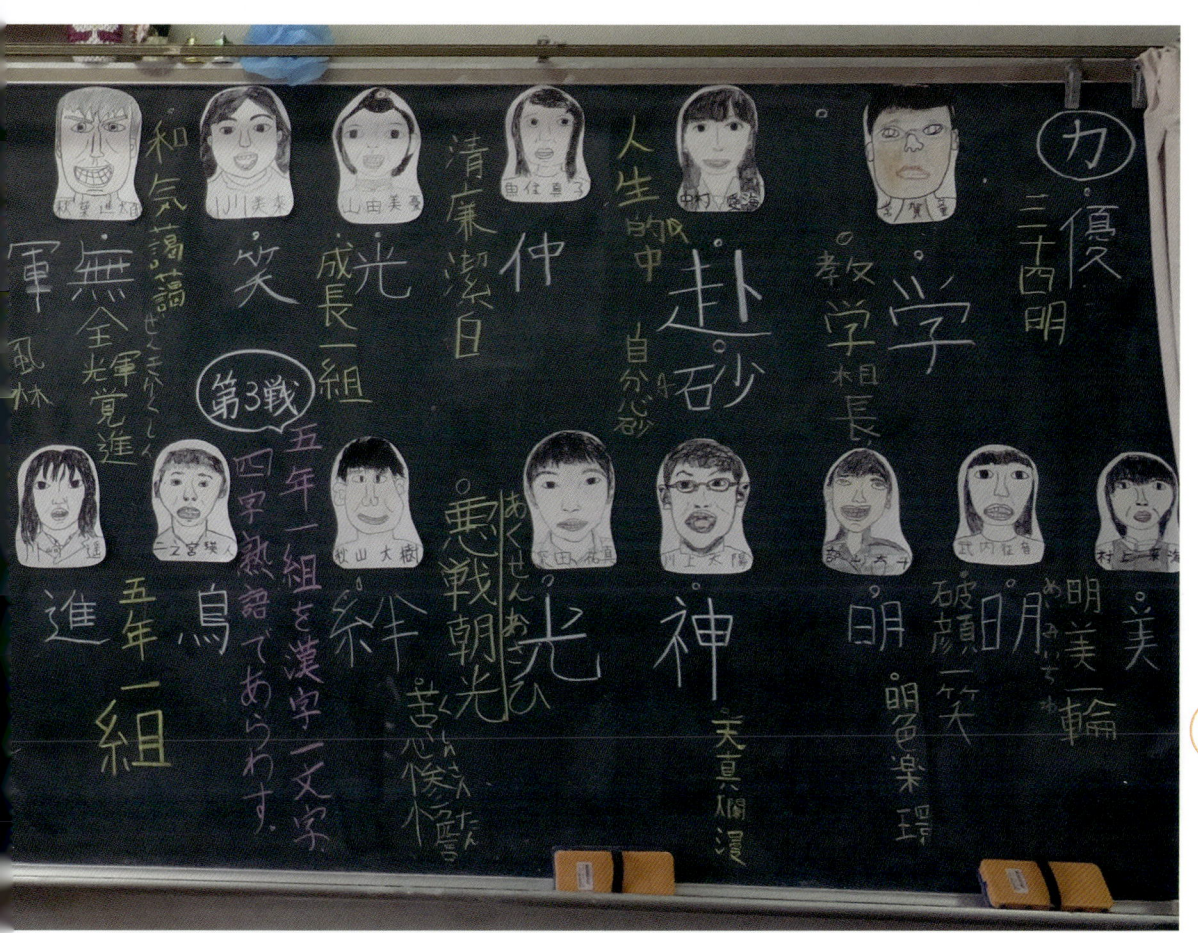

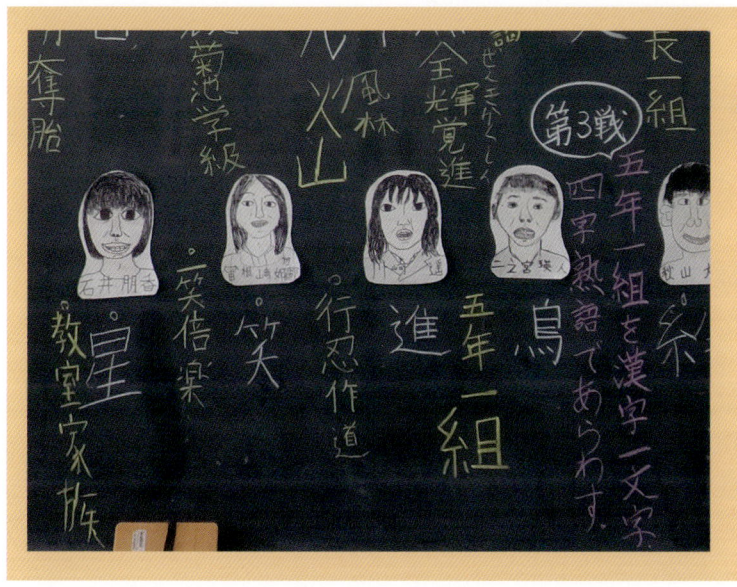

ある子どもは、「菊池学級」という四字熟語を考えていました。「それいいね」「なるほどそうだね」という声も上がり、教室は笑顔があふれました。担任として幸せを感じた瞬間でした。

どの言葉にも、1年間のみんなの努力の積み重ねと、それらに対する自負が感じられました。

第6章　試練の10番勝負 ◆

第6章 平成25年度5年生　試練の10番勝負第4戦

④〇〇君の成長から学ぶべきことは何か？

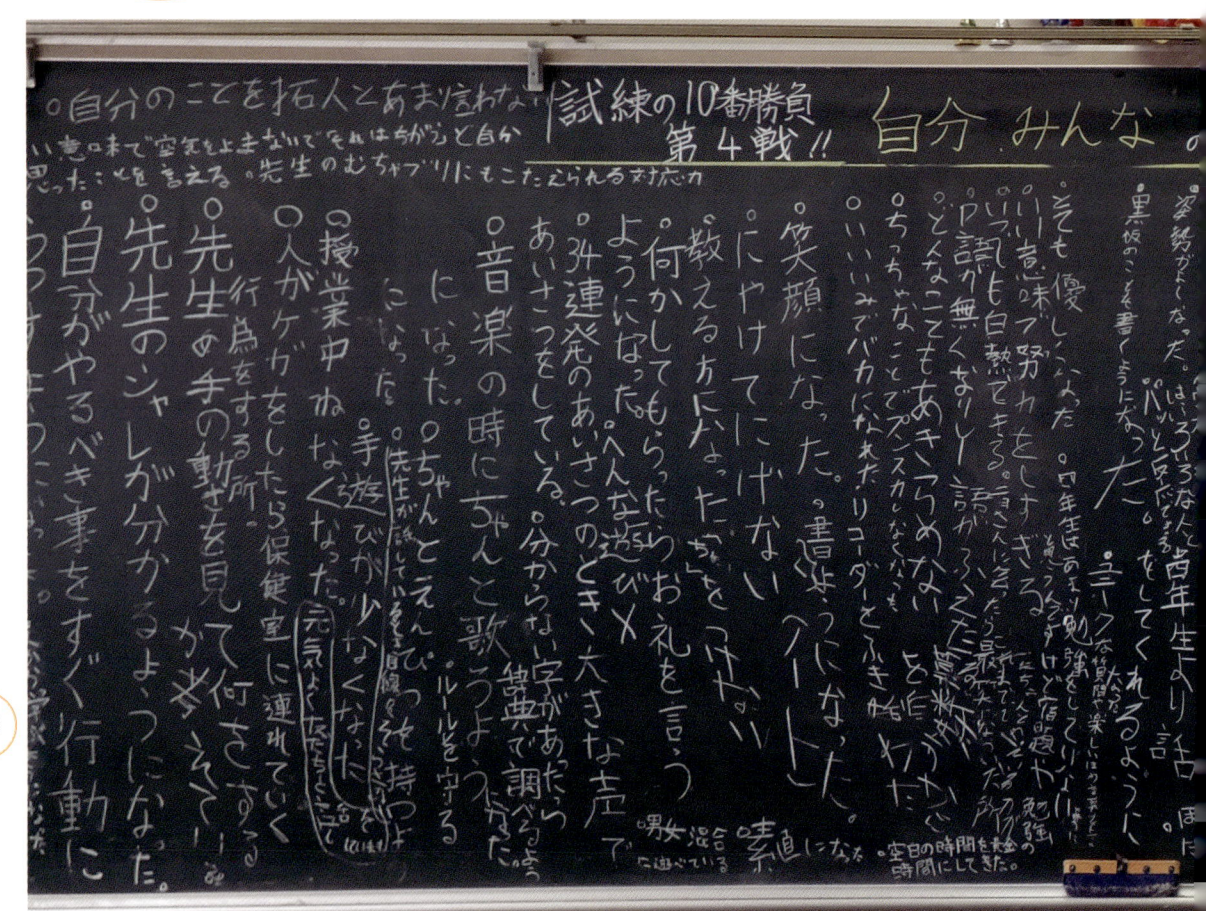

■ 第4戦のねらい

「気になる子ども」は、どの学級にもいるものです。その子だけを変えようとしても上手くはいきません。周りの集団が変わらないからです。個が変わるということは、集団が変わることです。集団が変わると個も変わるのです。このことを、子どもたちに考えさせようと思いました。

本人には、この授業を行うことは告げていませんでした。突然に始まった授業ですが、本人だけではなく、学級全員が「個と集団」の関係について考えることになりました。

■ 子どもたちの事実

年度初めは気になっていた〇〇君に対して、「いい意味で空気を読まなくなりました」と言った女の子がいました。「もうありのままの自分でいいんだよ」「（成長した）今の自分らしくていいんだよ」といった意味でした。授業の最後に話した、〇〇くんの年間の努力や成長は、自分たちの努力や成長でもあり、これからもみんなでしていかなければならない努力や成長であるということを、子どもたちなりに理解したようでした。

4年生まではよく問題を起こしていた男の子がいました。その男の子の1年間の成長を取り上げました。個の成長と集団の成長との関係を考えることになりました。

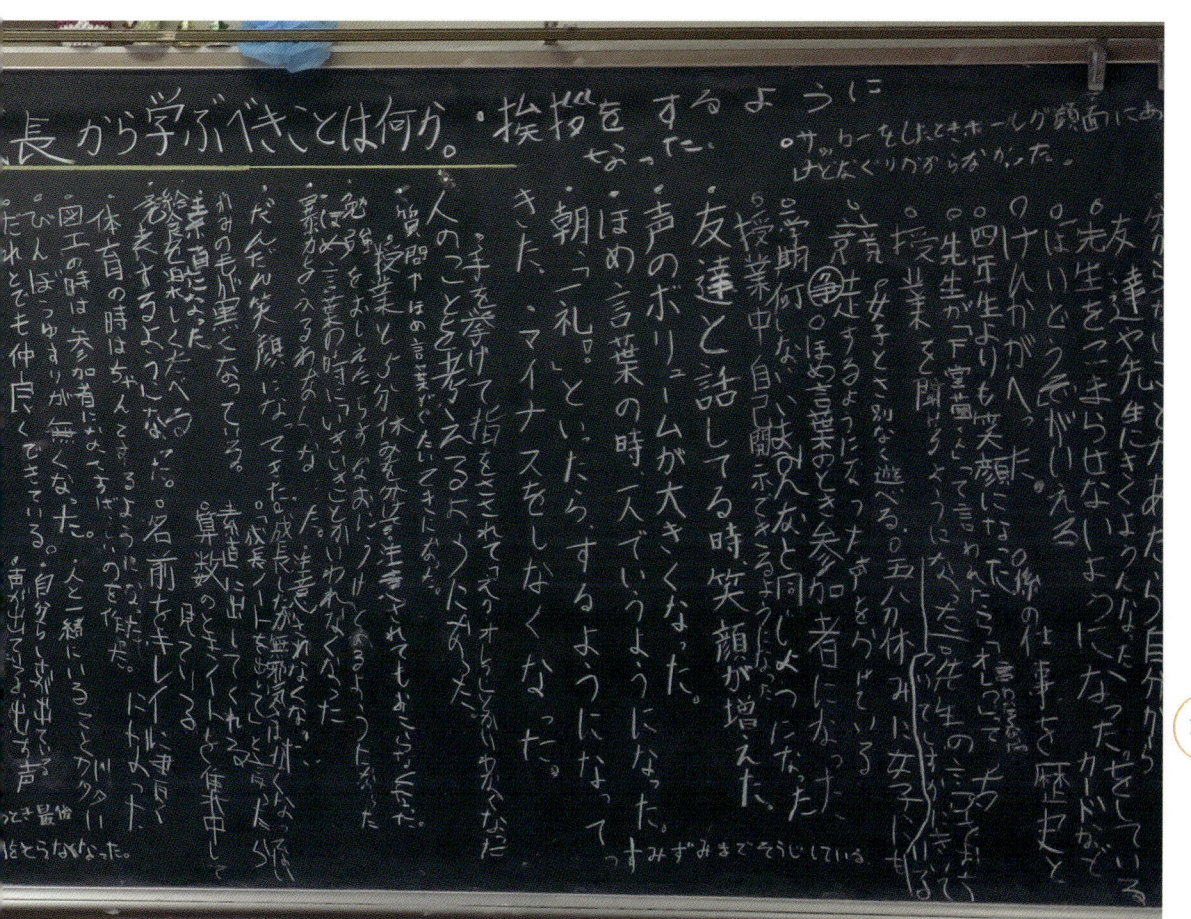

授業のふり返りを成長ノートに書いている場面です。真剣に鉛筆を動かしていました。「○○君のおかげで成長できた」「一人も見捨てないということの意味が分かった気がする」「5年1組は、34人の学級だったということがはっきりとした」といった内容が多く書かれていました。

第6章　試練の10番勝負 ◆

第6章 平成25年度5年生　試練の10番勝負第5戦

⑤対話力アップ　価値語で私はどのような成長をしたか？

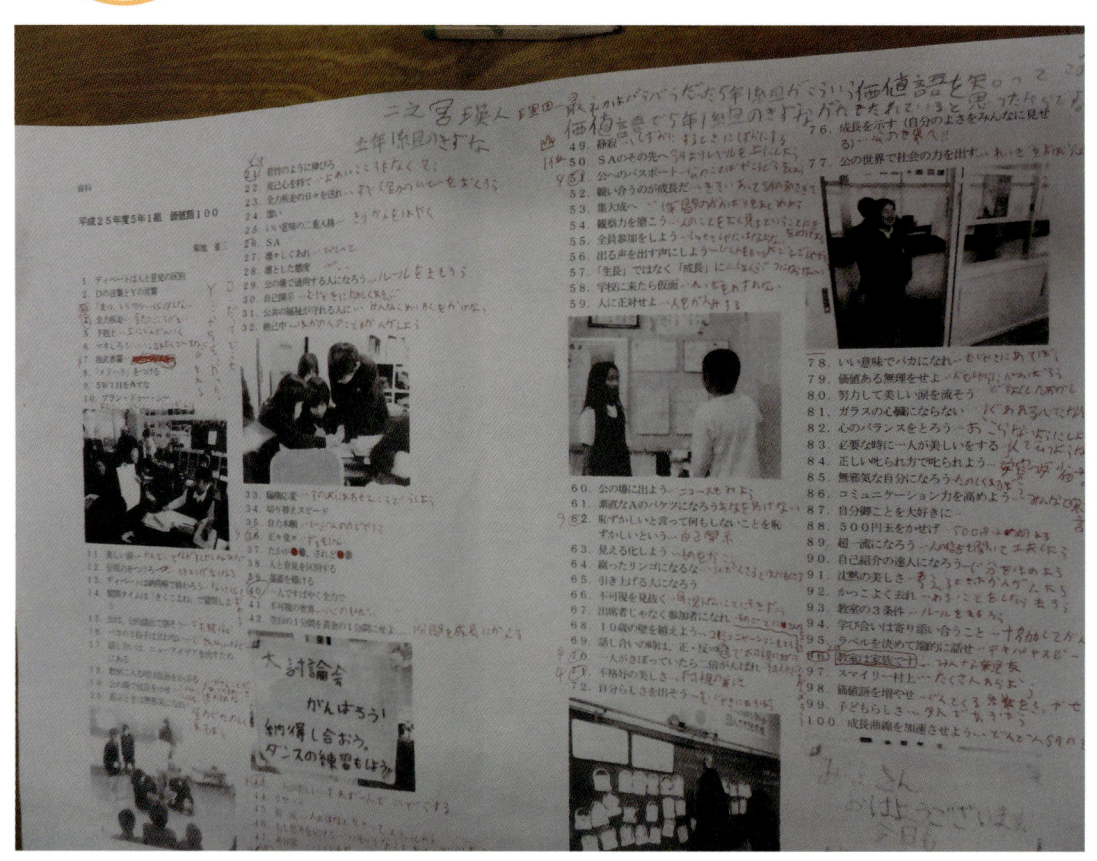

■ 第5戦のねらい

　自分や学級をプラスの方向に導く「価値語」を、子どもたちが１００個集めました。希望した数名の子どもたちが、全員にアンケートをとり、まとめたのです。その一覧をもとに、この授業を行いました。

　ねらいは、価値ある言葉が成長を促すということを実感させたかったということです。

　授業は、
1. 一覧表を見て、気づいたことを書き込む
2. 自分の成長に大きな影響を及ぼした価値語を３つ選ぶ
3. 各班の発表を聞き合い、お互いの成長を喜び合う

といった流れでした。

子どもたちが、1年間で学んだたくさんの価値語からベスト100を選びました。それをB4用紙1枚にまとめ、印刷して全員に配りました。成長のキーワードでもある価値語をもとに、1年間を振り返りました。

■ **子どもたちの事実**

　子どもたちは、「言葉の力を1年間で感じました」「自分を励ましたり、落ち着かせてくれたりする言葉があるから成長できたのだと思う」「もっと増やしたい。そのような生活をこれからもしていきたい」といったことを感想の中に書いていました。成長には、言葉の影響が大きいのだということを実感したようでした。

▲「価値語100」のプリント

　各班が順番に発表し合いました。その内容を全員が聞き合いました。この活動をとおして、その友達の「その人らしさ」をクラス全員が感じ取っていたようです。選んだ言葉に「その人らしさ」が出ていることを喜び合っていました。

第6章　試練の10番勝負 ◆

第6章 平成25年度5年生 試練の10番勝負第6戦

⑥仲よくなれたヒミツは何か？

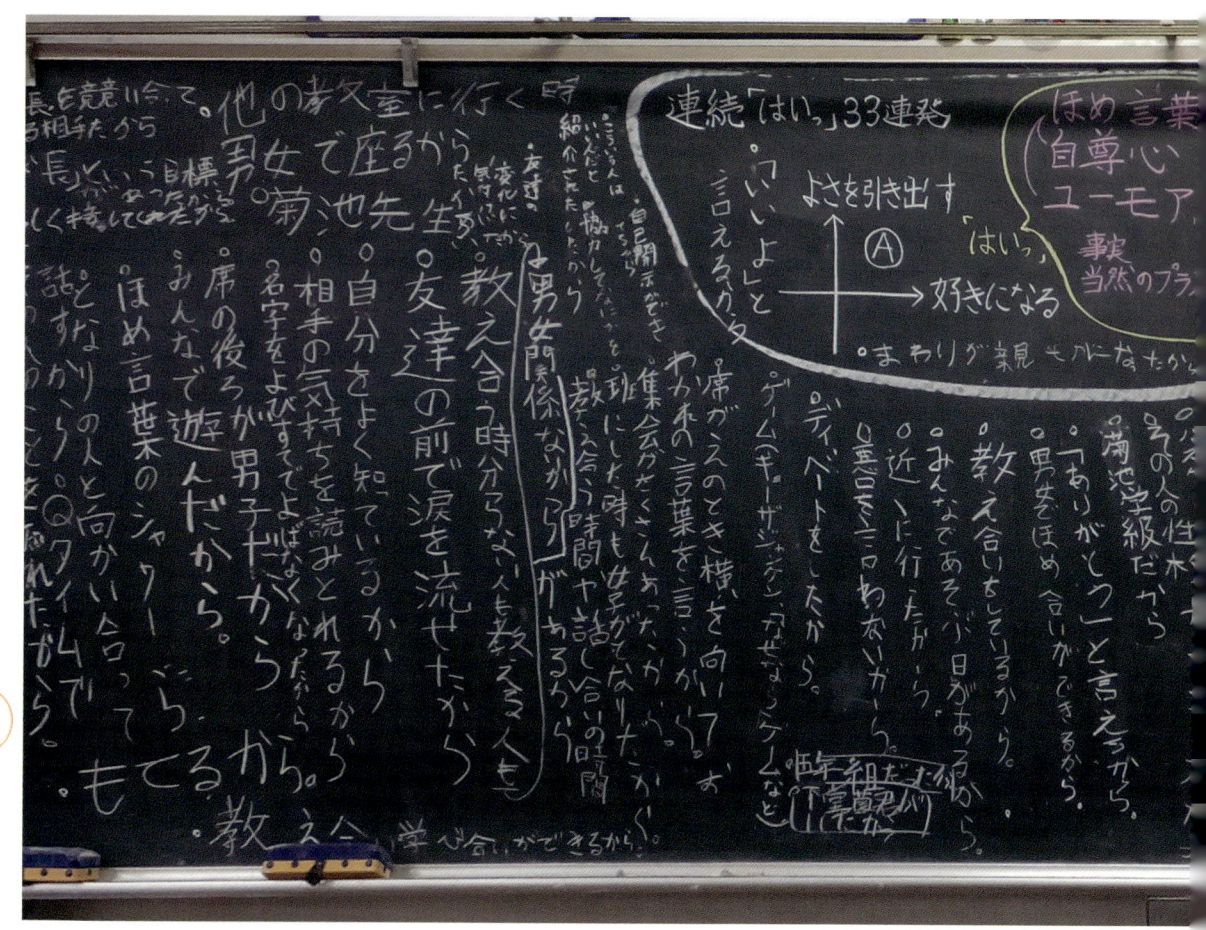

■ 第6戦のねらい

　人との関係をよりよいものにするためのポイントを理解させたい、という授業のねらいがありました。1年間の教室での取り組みを振り返り、どんな活動、学びが絆を強めることになったのかを自覚的に理解させようとしました。

　授業は、寄り添いながら学び合っている写真を見せ、このような成長を促した事実を黒板に書かせ、できあがった「白い黒板」をもとに考えさせました。

■ 子どもたちの事実

　子どもたちは、1年間の様々な取り組みを挙げていました。それは、朝の挨拶から始まり、帰りの「ほめ言葉のシャワー」までの菊池学級の取り組みでした。

　多くの内容は、コミュニケーション活動でした。自分の思いや感情や意見を相手に伝え、相手のそれらを受け入れるという活動です。安心感のある学級の中で、子どもたちが明るく楽しく過ごしていることが分かりました。

人間関係を上手く作れなかった子どもたちが、1年後にはとても「仲よく」家族のように過ごしていました。その「ヒミツ」を、子どもたちなりにどのようにとらえているのかを考えさせました。

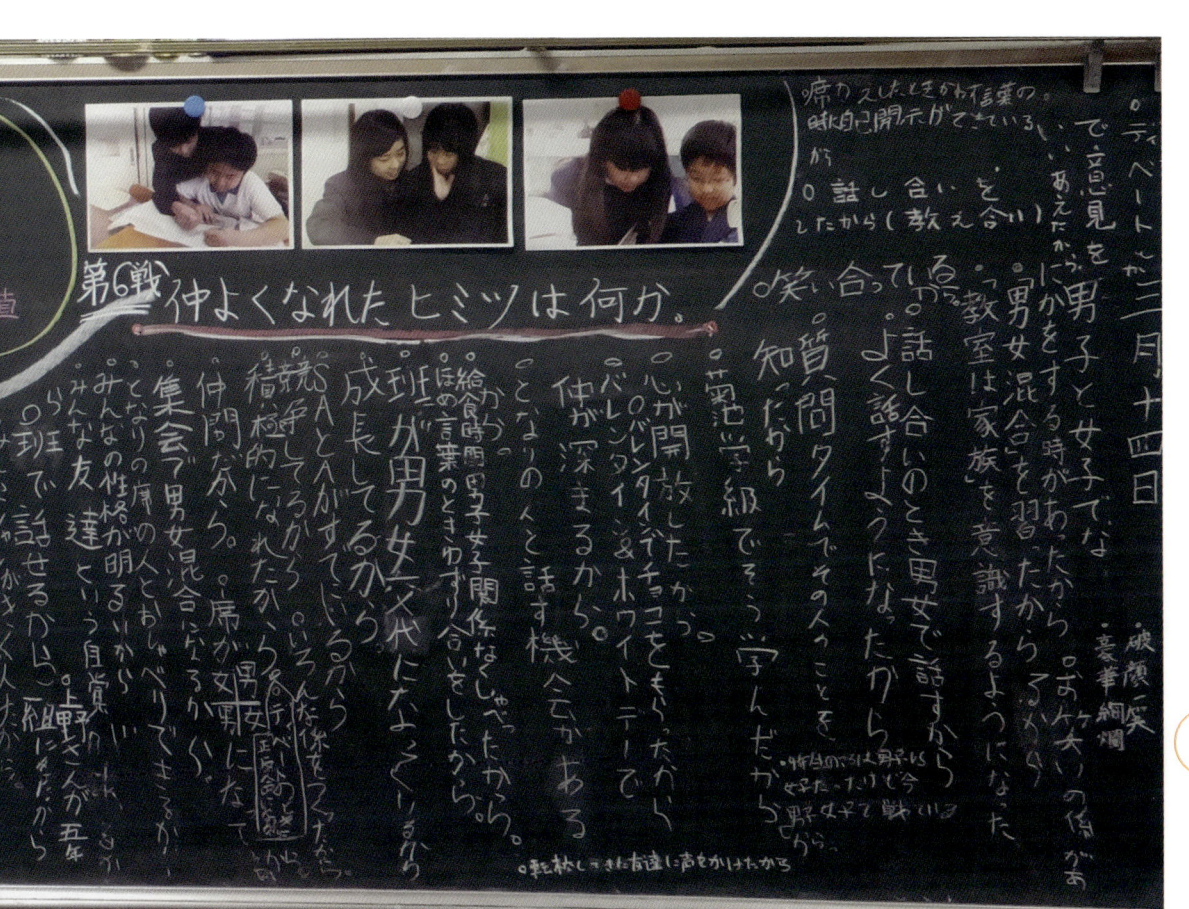

　黒板に書ききれなくなり、ミニホワイトボードに書いている様子です。真ん中の男の子は、3学期初めにスリランカから転入してきた子どもです。彼は、「スリランカでは、男子と女子が一緒に遊ぶことが少なかった。5年1組はすごいと思った」と、友達に助けてもらいながら書いていました。

第6章　試練の10番勝負 ◆

第6章 平成25年度5年生 試練の10番勝負第7戦・8戦

⑦5年1組の特長・特徴は何か？（生活編・授業編）

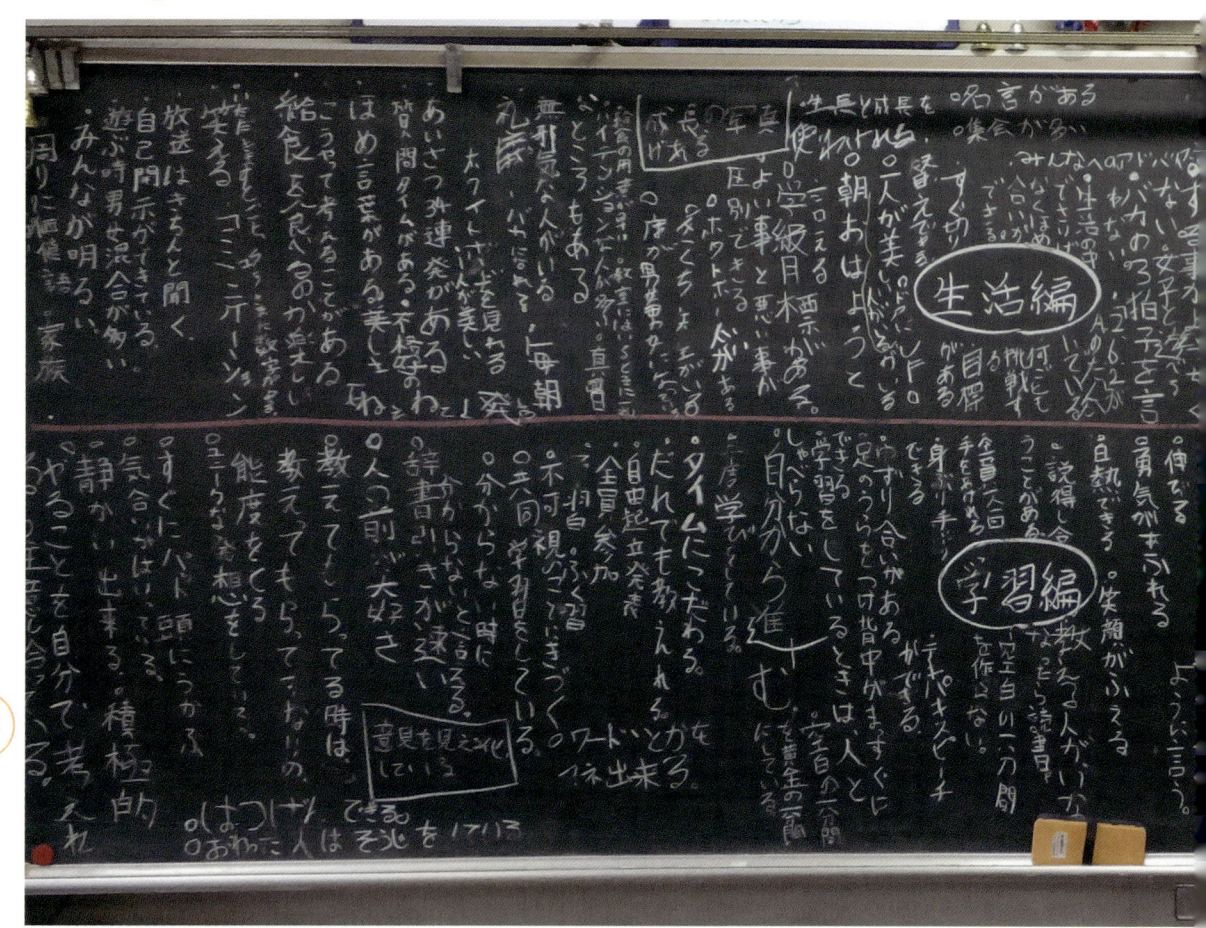

■ 第7戦・8戦のねらい

「同じ学級は2度とできない」という言葉が教育の世界にあります。平成25年度の学級を、34人の子どもたちに残してあげたいという気持ちが私の中にありました。

全力で1年間を駆け抜けてきた子どもたちへのお礼と感謝の気持ちから、この授業を計画しました。

子どもたちに、生活面と授業面の両面から自分たちの学級を客観的にとらえさせようとしました。

■ 子どもたちの事実

こどもの感想に、

「私は、この5年1組にいることが幸せです。4年生までは、教室をこのように感じたことはありませんでした。いけないことだけど、他の人はどうでもいいと思っていました。仲のいい人以外の人は、私とは関係ないと思っていました。でも、今は違います。とても幸せです。みんなで成長してきたこの教室は、とても平和だと思います」

という内容のものがありました。子どもたちの素直な声だと思っています。

前年度と同じように、「学級の特長・特徴」を生活編と授業編に分けて1時間で行いました。4月からの1年間を教室後ろに掲示している「成長年表」をもとに、ふり返らせながら学習しました。

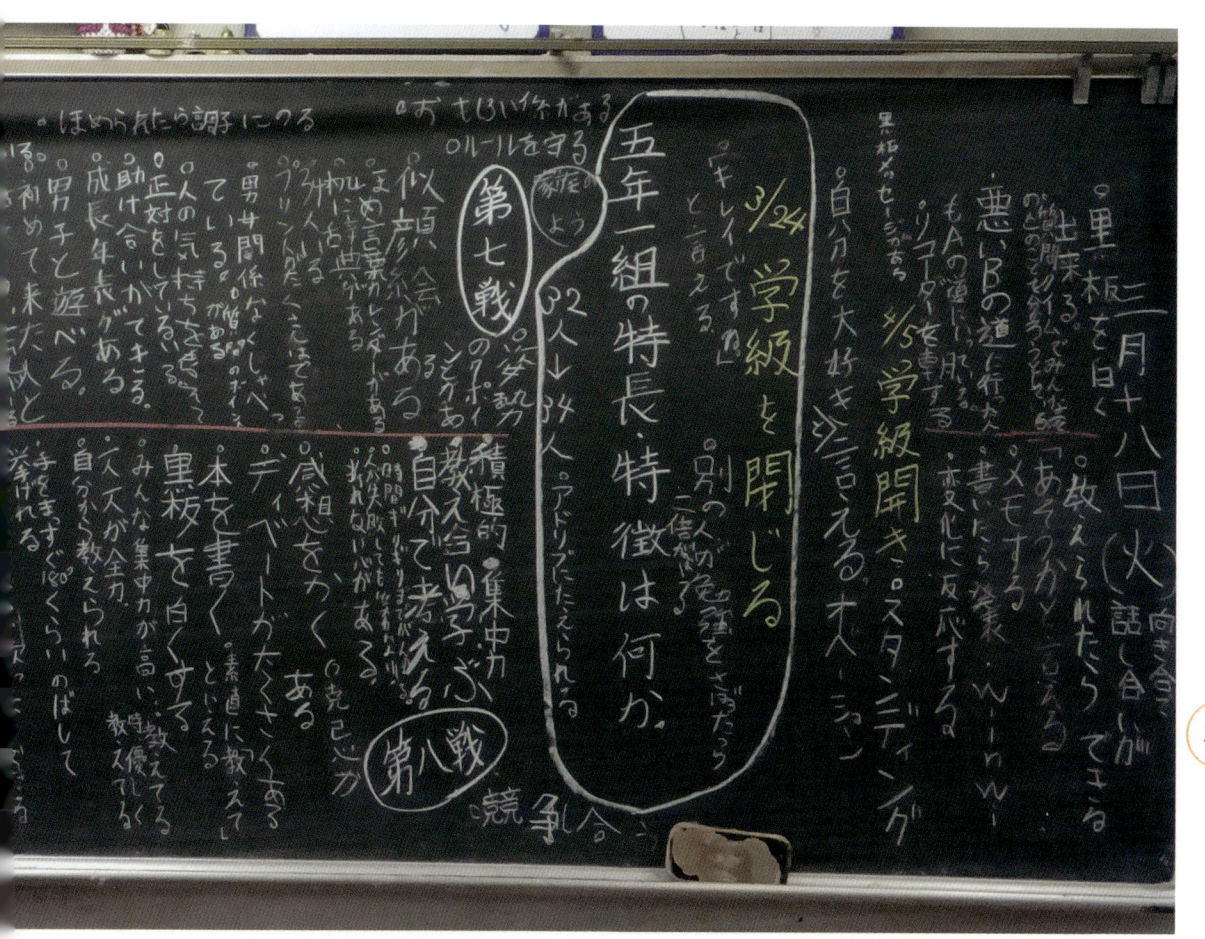

　ごく自然に学び合っている様子です。友達に寄り添いながら学び合っている姿です。学ぶ力やコミュニケーション力は、学級経営と同時進行で伸びていく、ということを改めて教えられるシーンです。

第6章　試練の10番勝負 ◆

第6章 平成24年度6年生 試練の10番勝負第4戦

⑧なぜ、6年1組は話し合いが成立するのか

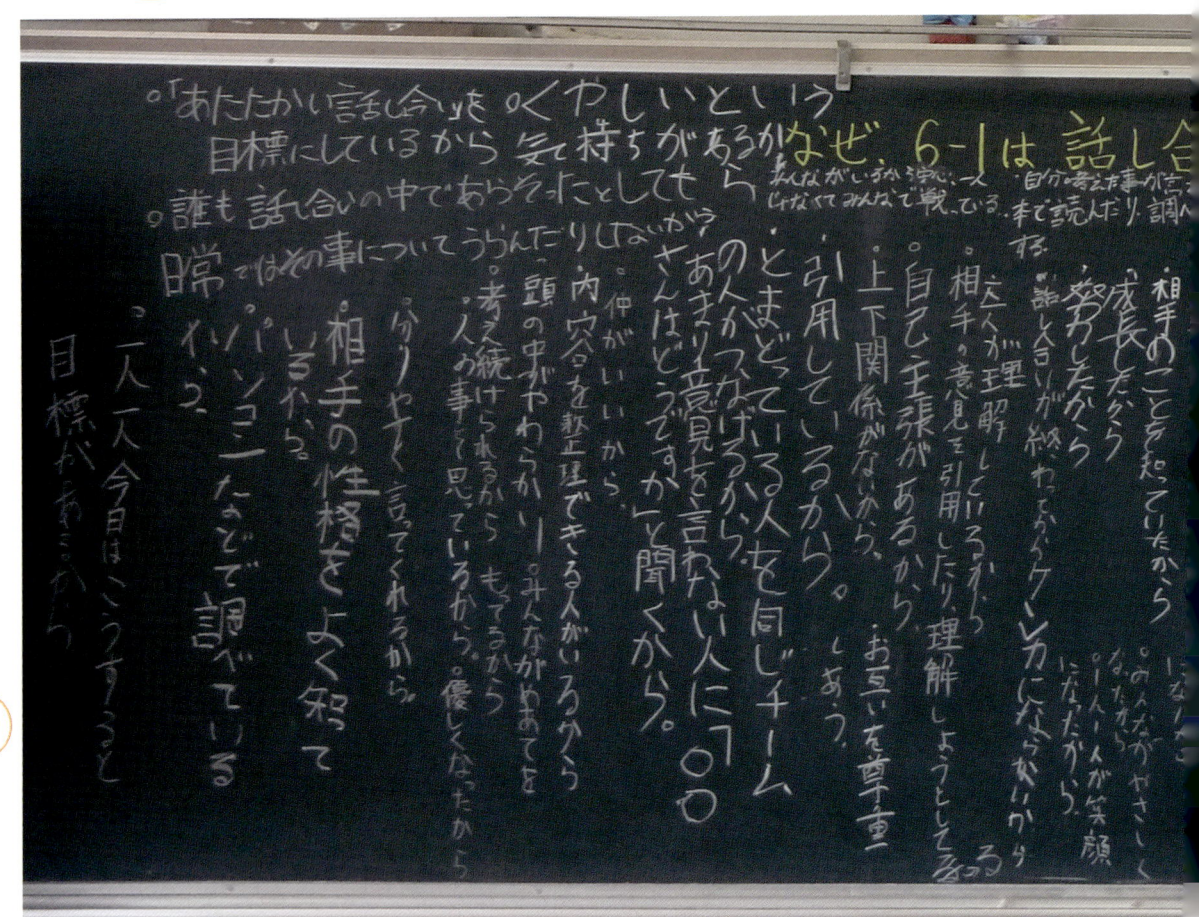

■ この授業のねらい

　この学級も、白熱した話し合いを楽しめるほどに成長しました。自分たちの話し合い学習に自信を持っていました。
　そんな子どもたちが、「このテーマでどのようなことを答えてくれるのだろうか」と私自身に強い関心がありました。「子どもたちに聞いてみよう」と考えました。
　そうすることで、子どもたちも自分たちの学びのスタイルを自覚的にとらえることができると考えました。

■ 子どもたちの事実

　子どもたちの答えた理由は、技術的なことではなく、人間関係についてでした。「上下関係がないから」「相手の性格をよく知っているから」「お互いに尊重しあう」といった内容が目につきました。「違いがあるから話し合う」「相手のことも好きだから話し合える」と感想に書いていた子どもたちでした。
　コミュニケーション力を育てるための大きなヒントがあるように思いました。

平成24年度の6年生の第4戦です。テーマは、「なぜ、6年1組は話し合いが成立するのか」です。NHK「プロフェッショナル仕事の流儀」にも取り上げられた学級です。1年間で話し合う力を見事に身につけた子どもたちです。

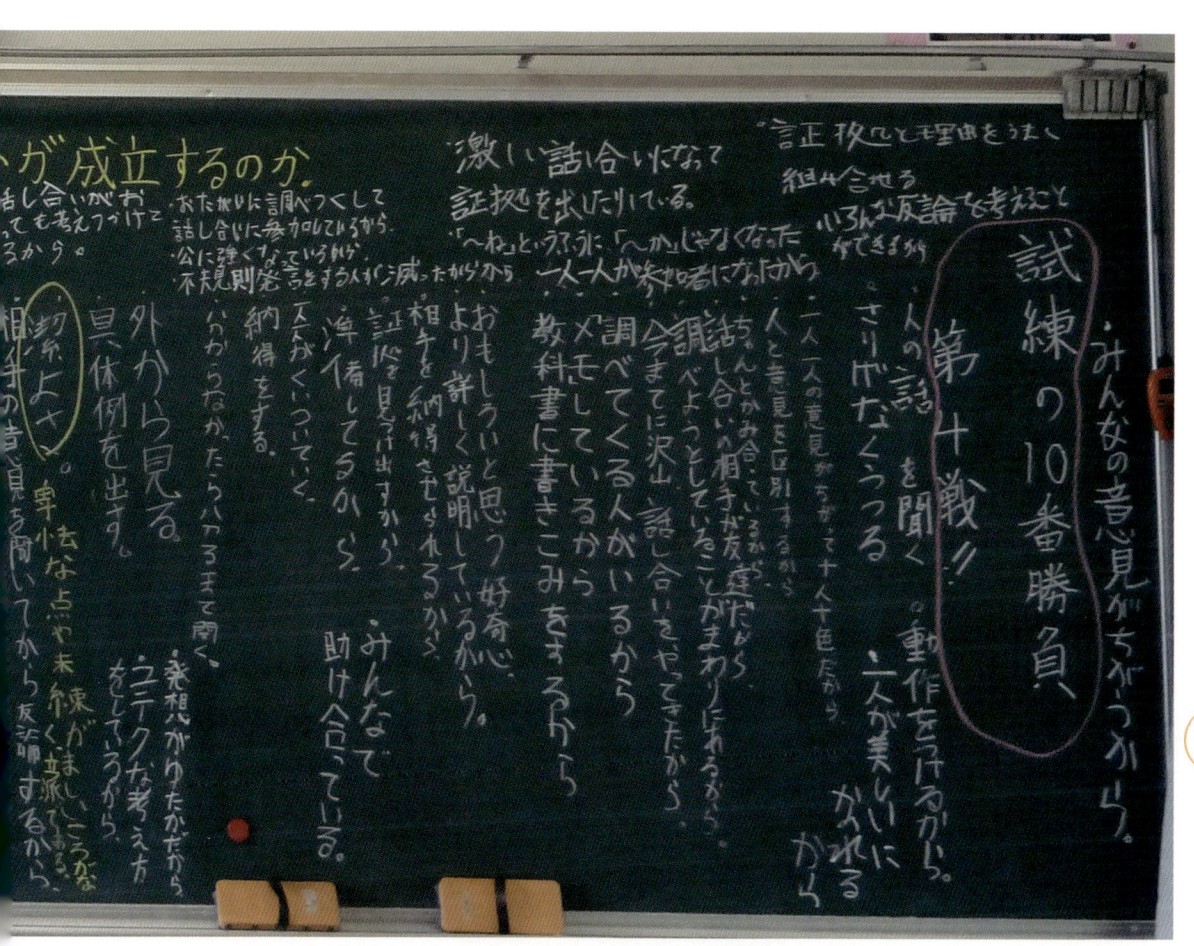

国語科での話し合いの様子です。丁寧に自分の意見を述べ、相手のそれらを聞き入れて学び合っていました。「授業中は白熱し、休み時間は仲良く過ごす」という無邪気な子どもたちに成長していました。

第6章　試練の10番勝負 ◆

第6章 平成24年度6年生　試練の10番勝負第5戦

⑨言葉（価値語）を得て自分はどう変わったのか

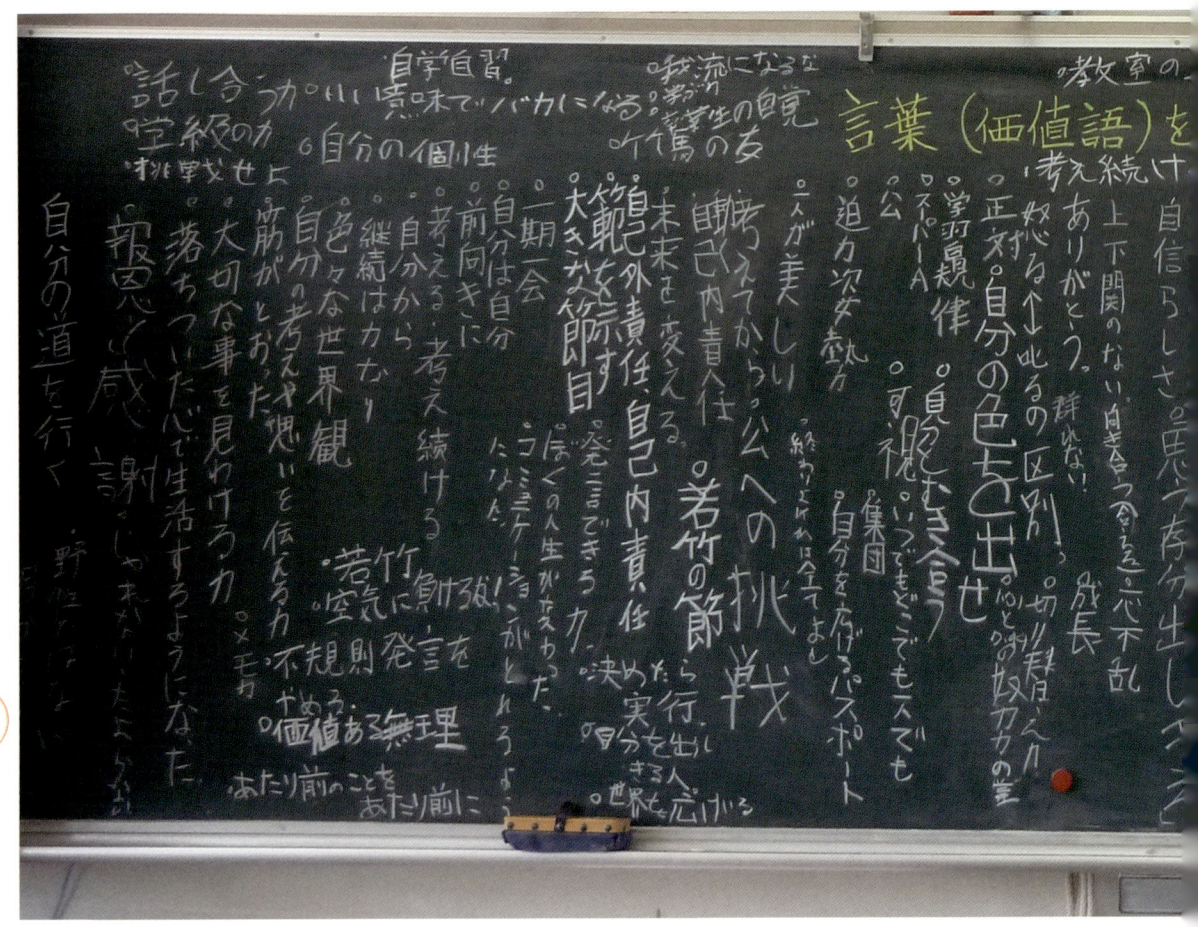

■ この授業のねらい

　この年の子どもたちは、多くの「名言」を残しました。

　例えば、「一人が美しい」「沈黙の美しさ」「群れから集団へ」といった言葉です。

　言葉が変われば、人間が変わると強く思えた1年間でした。「自分たちを変えた言葉」をふり返らせ、言葉の力を信じられる人間にしようと思いました。

■ 子どもたちの事実

　ある子どもは、「1年間をふり返ると、たくさんの価値語に出会ったことがわかります。今までは、言葉について特に考えたことはありませんでした。たくさんの価値語を知って、少しずつ自分が変わってきたと思います。成長してきたのです」と書いていました。

　このような気持ちは、全員がもっていたと思います。

子どもたちは、スポンジのように価値語を吸収していきました。自分や自分たちを成長させた価値ある言葉を出させ、1年間をふり返りました。言葉の力を感じていました。

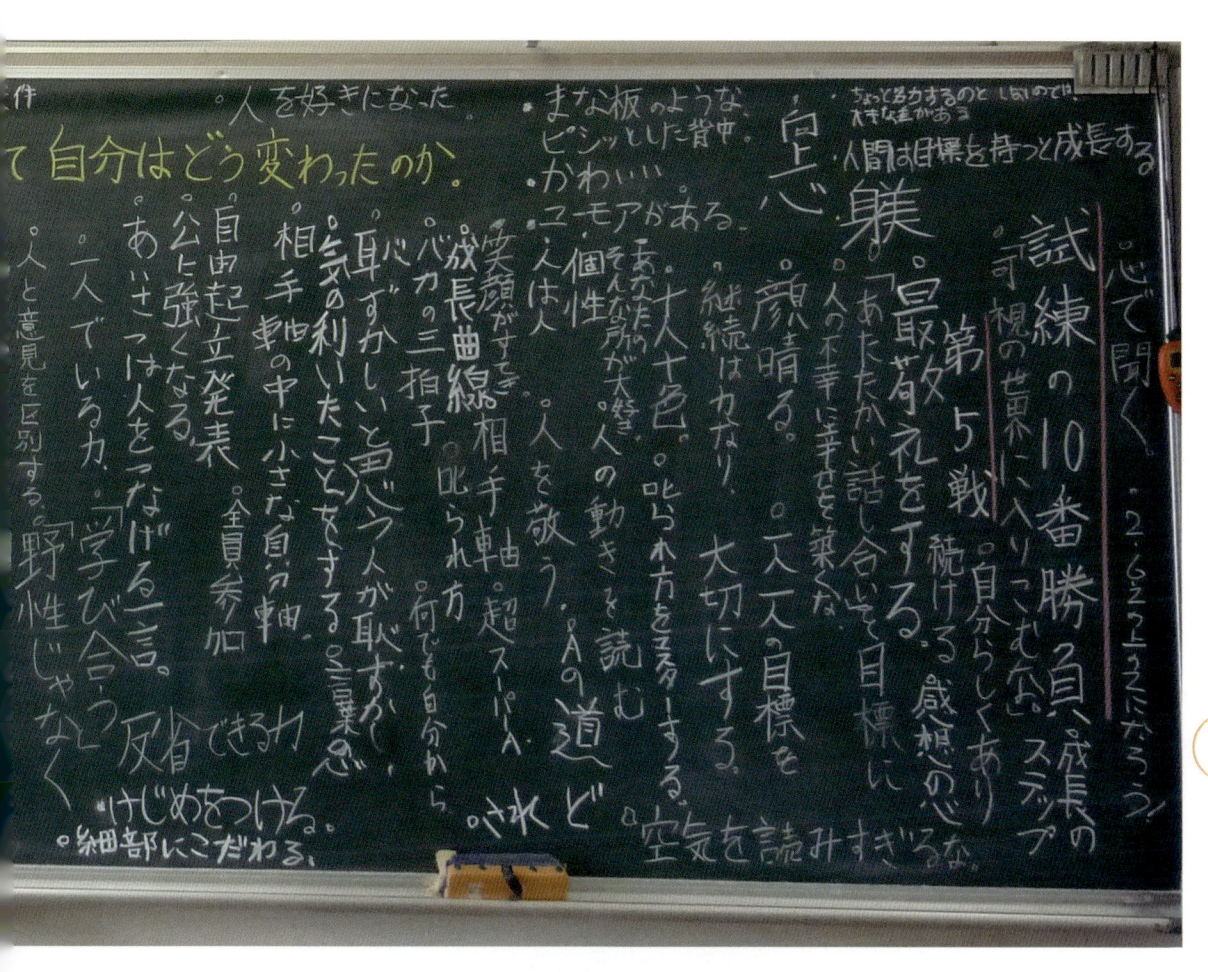

　できあがった「白い黒板」を見ながら、ふり返りの作文を書いている様子です。「自分にぴったりな言葉があったので、より自分らしくなれた」という内容もありました。静かな教室に鉛筆の音だけが聞こえていました。

第6章　試練の10番勝負 ◆

第6章 平成24年度6年生 試練の10番勝負第10戦

⑩言葉の力とは何か

■ **この授業のねらい**

　1年間の最後の授業は、このテーマでいこうと決めていました。
　明日が卒業式というときに行った授業です。
　これからの人生も、言葉を大切にしたものであってほしいという願いを込めて行いました。

■ **子どもたちの事実**

　4月から掲示していた「成長曲線」や「一年後に言われたい言葉」「一年後に言われたくない言葉」「教室にあふれさせたい言葉」「教室からなくしたい言葉」といった掲示物を示し、「菊池学級」の1年間をふり返りました。
　そして、「ほめ言葉のシャワー」「成長ノート」「価値語」「話し合い」・・・全てが「言葉」であったことを確認し合いました。
　子どもたち一人ひとりが、言葉の力を信じることの価値に気づいたようでした。
　自分の考えを話す中で、涙を流す子どももいました。

◆

6年生最後の授業でした。1年間の成長をふり返り、言葉によって成長してきたことを確認し合ったあとに、このテーマで一人ひとりが自分の考えを書き、その理由を発表し合いました。

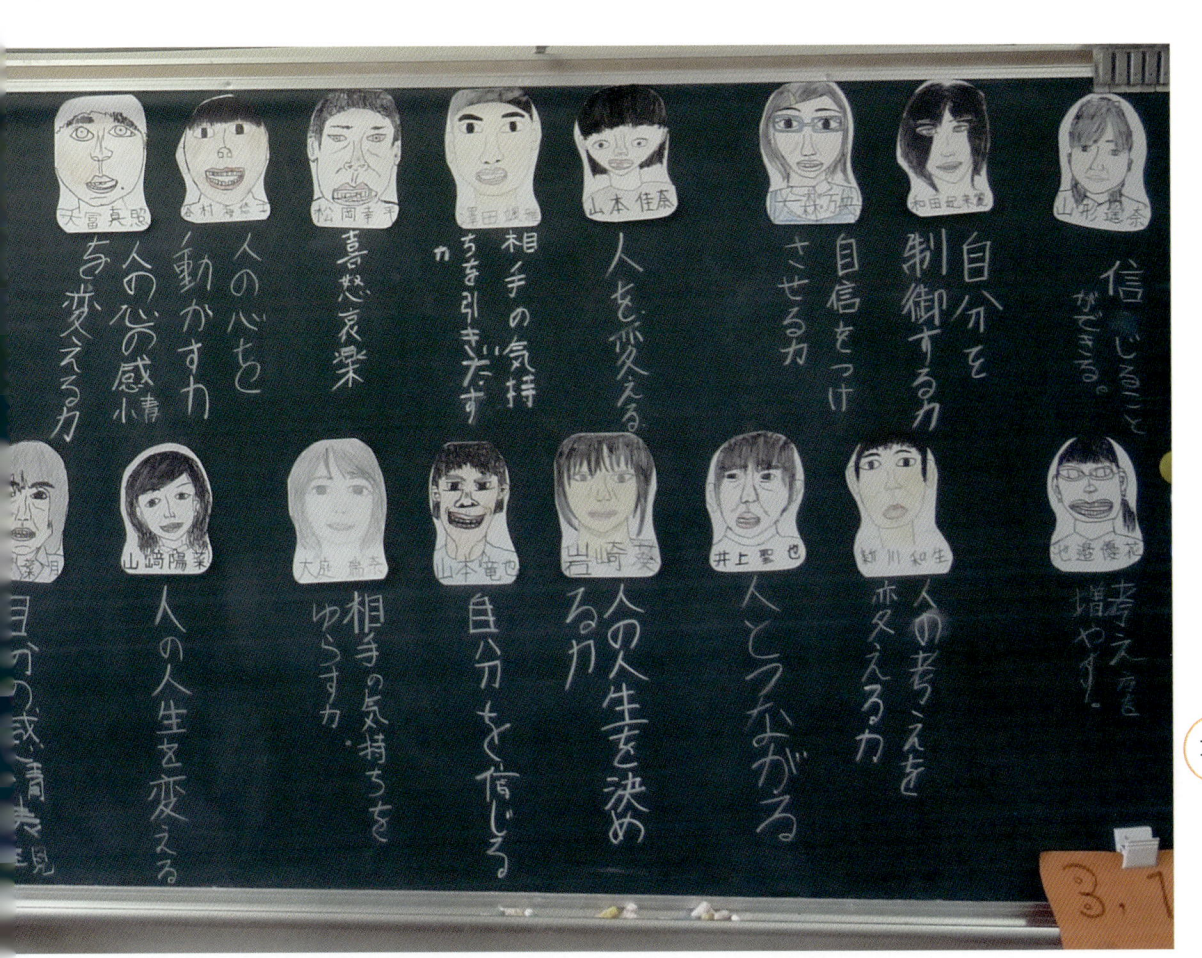

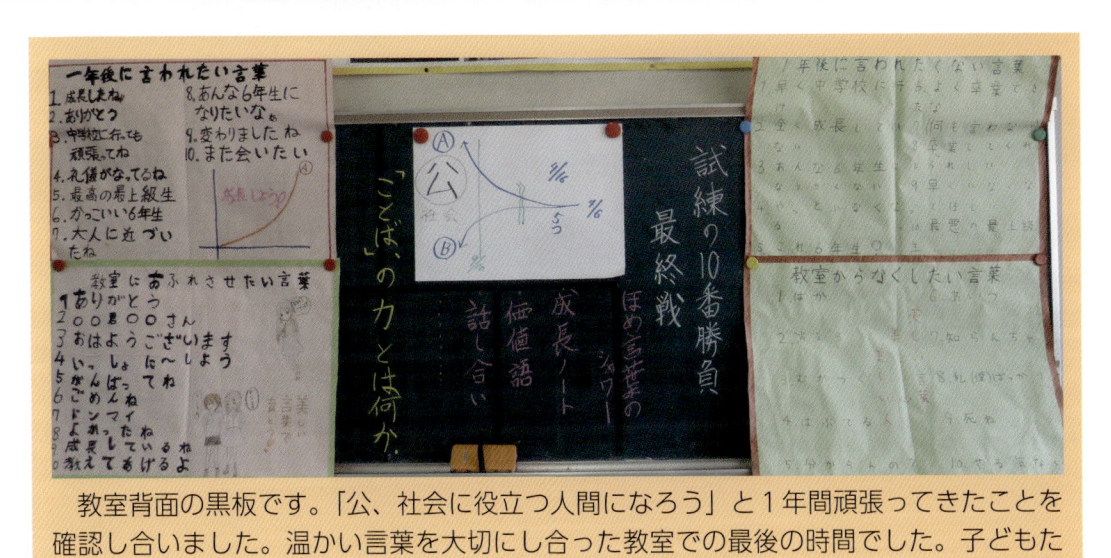

　教室背面の黒板です。「公、社会に役立つ人間になろう」と1年間頑張ってきたことを確認し合いました。温かい言葉を大切にし合った教室での最後の時間でした。子どもたちは、美しい目をして私の話を聞いていました。

第6章　試練の10番勝負 ◆

第7章 卒業生からのメッセージ

菊池省三

第7章 卒業生からのメッセージ

○「1年間のこの成長は、私にとって宝物です」

■「卒業生からのメッセージ」の誕生

平成26年度の現在、私は6年生を担任しています。昨年度は、5年生を担任していました。

この章の「卒業生」とは、平成24年度に担任した6年生のことです。NHK「プロフェッショナル仕事の流儀」で取り上げていただいた34人の子どもたちです。私が、小倉中央小学校に赴任してきた年に担任した子どもたちのことです。

1年間で見事に成長した彼らは、次年度5年生を担任していた私の学級に、卒業した春休みからよく遊びに来ました。

雑談していた中で、

「先生と出会って変わりました。本当に感謝しています。先生は、5年生の先生になったのですね。自分たちの学んだことを、先生の今度の学級のみんなにも教えたいんですけど・・・。黒板にメッセージを書いてもいいですか？」

こんな言葉がありました。それが最初でした。

その後、黒板メッセージは1年間続きました。

この章では、「卒業生」が5年生に残したその黒板メッセージを紹介します。

■「卒業生」の1年間の成長

平成24年4月6日に出会った子どもたちは、5年生までは荒れた学校生活を送っていたようでした。人間関係を上手に築くことができず、

「関係ないやろっ！」

「意味わからんしっ！」

「別にどうでもいい！」

といった言葉が、教室の中に飛び交っていました。マイナスの言葉があふれていた学級でした。

マイナスの言葉からは、マイナスの考え方や行動しか出てきません。

そのような子どもたちと出会い、私は、プラスの言葉があふれる学級にしようと考え取り組みました。プラスの言葉からプラスの考え方が生まれ、そしてプラスの行動力につながると考えていたからです。

もちろんすぐには変わりませんでした。1年間を見とおして、プラスの価値ある言葉を子どもたちにたくさん浴びせ続けました。

少しずつ確実に子どもたちは変わっていきました。

無邪気な積極的な人間へと成長していきました。温かい絆でつながった集団へと学級は育っていきました。

卒業前にある子どもが次のような作文を残しています。

「今思うと、5年生までの自分が恥ずかしい。意味のないことを、正しいと思って普通にしていました。悪いことです。それがかっこいいとでも思っていたのでしょう。馬鹿だったなぁと思います。今になってつくづく思います・・・。1年間のこの成長は、私にとって宝物です。みんなも同じ気持ちだと思います。この1年間で学んだことは、これからの自分にとって『正しい道』を歩むための鍵となります。それが本当にうれしいです。」

このような成長を遂げた「卒業生」からの「後輩」への温かいメッセージです。

▲平成24年度6年1組　成長年表　NHK「プロフェッショナル仕事の流儀」取材

▲卒業式の日の黒板

第7章　卒業生からのメッセージ ◆

第7章 卒業生からのメッセージ

「卒業生からのメッセージ」①

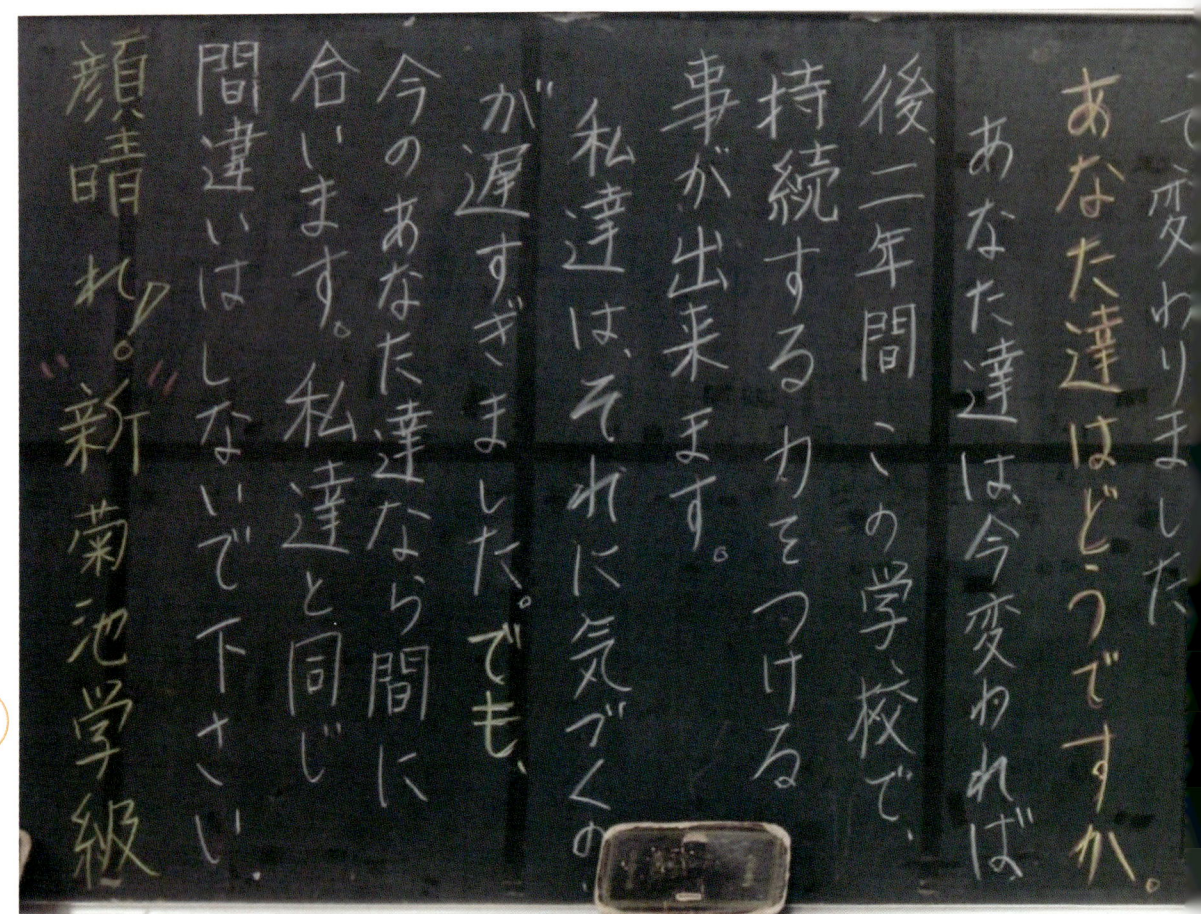

> で変わりました。
> あなた達はどうですか。
> あなた達は今変われば、
> 後二年間この学校で、
> 持続する力をつける
> 事が出来ます。
> 私達は、それに気づくの
> が遅すぎました。でも、
> 今のあなた達なら間に
> 合います。私達と同じ
> 間違いはしないで下さい
> 顔晴れ。"新菊池学級"

■ 卒業生の言葉

　「この文章は、初めて5年生に向けて書いたものです。正直な気持ちを書きました。卒業後に小学校に来て、菊池先生と出会うまでのこともはっきりと思い出しました。悪かった5年生までのことです。菊池先生が、5年生の先生になるということを知ったときだったので、それだけ新5年生に同じ失敗をしてほしくなかったのです。『新菊池学級』と書くときは、少し寂しい気持ちがしました。」

■ 5年生の様子

　始業式の日に、新5年生はこの黒板を見ました。「自分軸」「顔晴れ」といった言葉を少し説明しました。驚いていました。ただ、自分たちのことを客観的にとらえることができない状態だったので、ここに書かれている深い意味までは理解できていない様子でした。
　放課後残っていた数名の子どもから、「ぼくたちも成長できるかな・・・」「どんな1年間になるのか楽しみです」といった声が聞かれました。

始業式前の春休みに書かれたものです。私が、5年生を担任するということを知り、教室の背面黒板に書かれた初めてのメッセージです。5年生までの自分たちを強く反省している内容に驚きました。

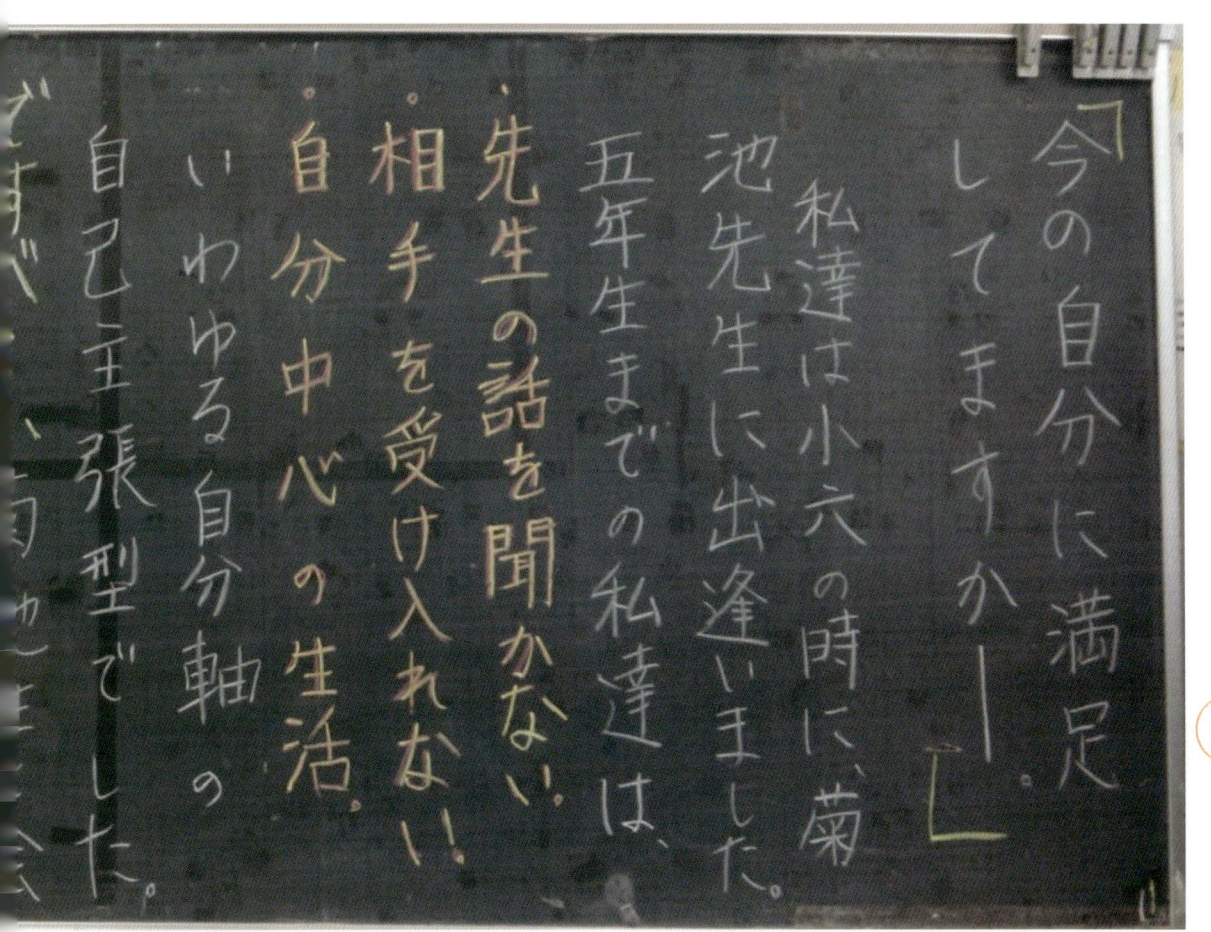

（黒板の文字）

「今の自分に満足してますか―」

私達は小六の時に、菊池先生に出逢いました。
五年生までの私達は、
・先生の話を聞かない
・相手を受け入れない
・自分中心の生活
いわゆる自分軸の自己主張型でした。

　春休みに卒業生たちは、学校に掃除に来ていました。「私たちの母校ですから」とさりげなく言っていました。自分たちを育ててくれた小学校を大切にしたいという気持ちが伝わってきました。

　時間を見つけては、毎日毎日来ていました。

第7章　卒業生からのメッセージ ◆

第7章 卒業生からのメッセージ

「卒業生からのメッセージ」②

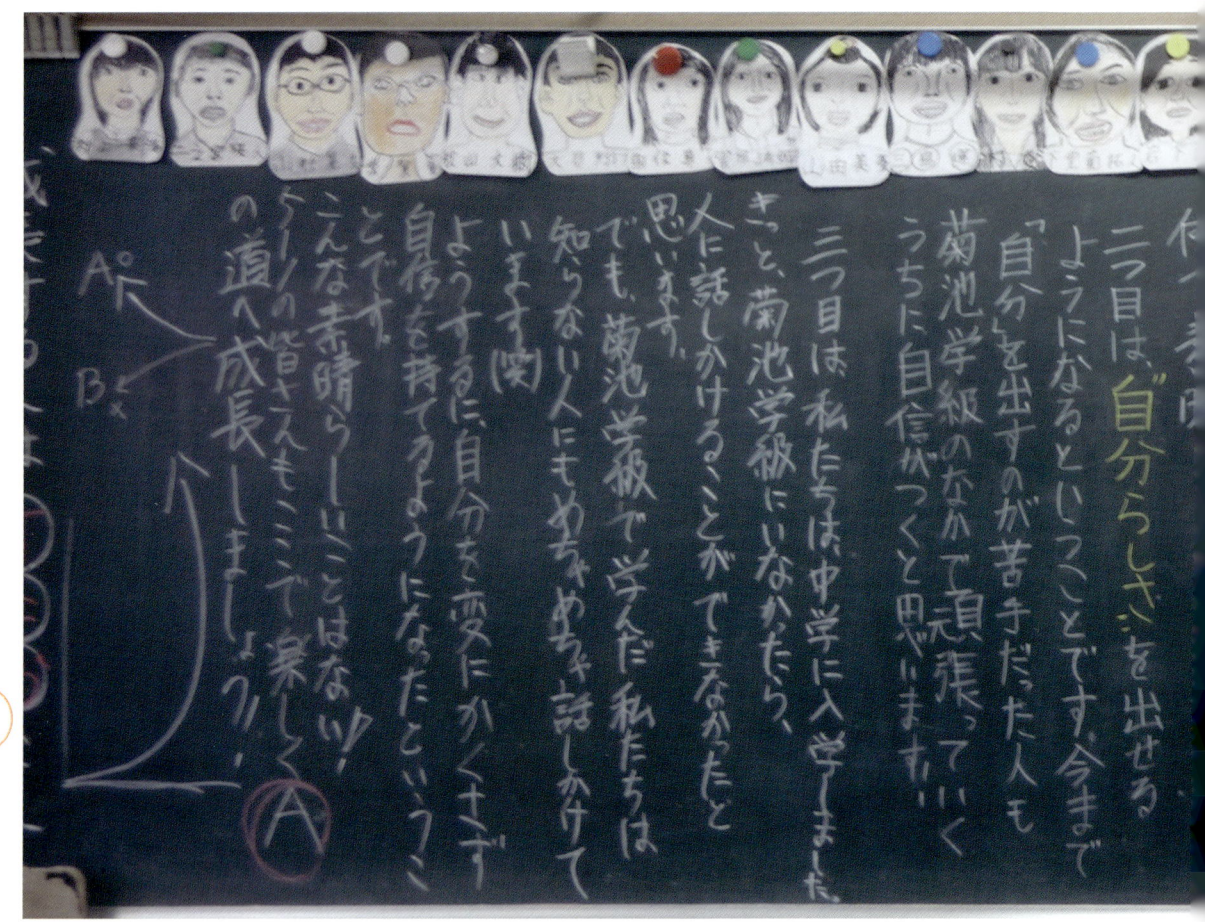

> 二つ目は、"自分らしさ"を出せるようになることです。今まで「自分を出すのが苦手だった人も菊池学級のなかで頑張っていくうちに、自信がつくと思います。
>
> 三つ目は、私たちは、中学に入学しましたら、きっと、菊池学級にいなかったら、人に話しかけることができなかったと思います。でも、菊池学級で学んだ私たちは、知らない人にもめちゃめちゃ話しかけていきます（笑）。ようするに、自分を変にかくさず、自信を持てるようになったということです。こんな素晴らしいことはない！！
>
> 5-1の皆さんもここで楽しく♪♪の道へ成長しましょう‼

■ 卒業生の言葉

「菊池先生からほめられたのでうれしいです（笑）。この3つは、自然に出てきました。『成長ノート』『ほめ言葉のシャワー』は当然です。本当は、ディベートのことも書こうかと思ったのですが、経験していないと分からないと思ったから書きませんでした。そして、もう一つ伝えたかったのは、『自分らしさ』です。私たちは、1年間で見つけることができたと思っていますから。成長曲線も伝えたいことでした。」

■ 子どもたちの様子

5年生も卒業生の思いが分かり始めてきました。4年生までは、落ち着かないトラブルの多い子どもたちでしたが、変化が見られ始めました。

感想の中に、「私たちもこのような作文が書けるようになりたいと思います。きっと卒業した人たちは、菊池先生や学級のみんながんばったんだと思います。私も、あきらめないでAの道を進みたいです」とありました。「自分たちにもできる」といった希望を持ち始めたようでした。

新学期が始まって1週間ほどが過ぎたときに書かれたものです。「3つあります作文」で書かれていました。1年間という短い期間にも関わらず、的確に菊池学級をとらえていることに感動しました。

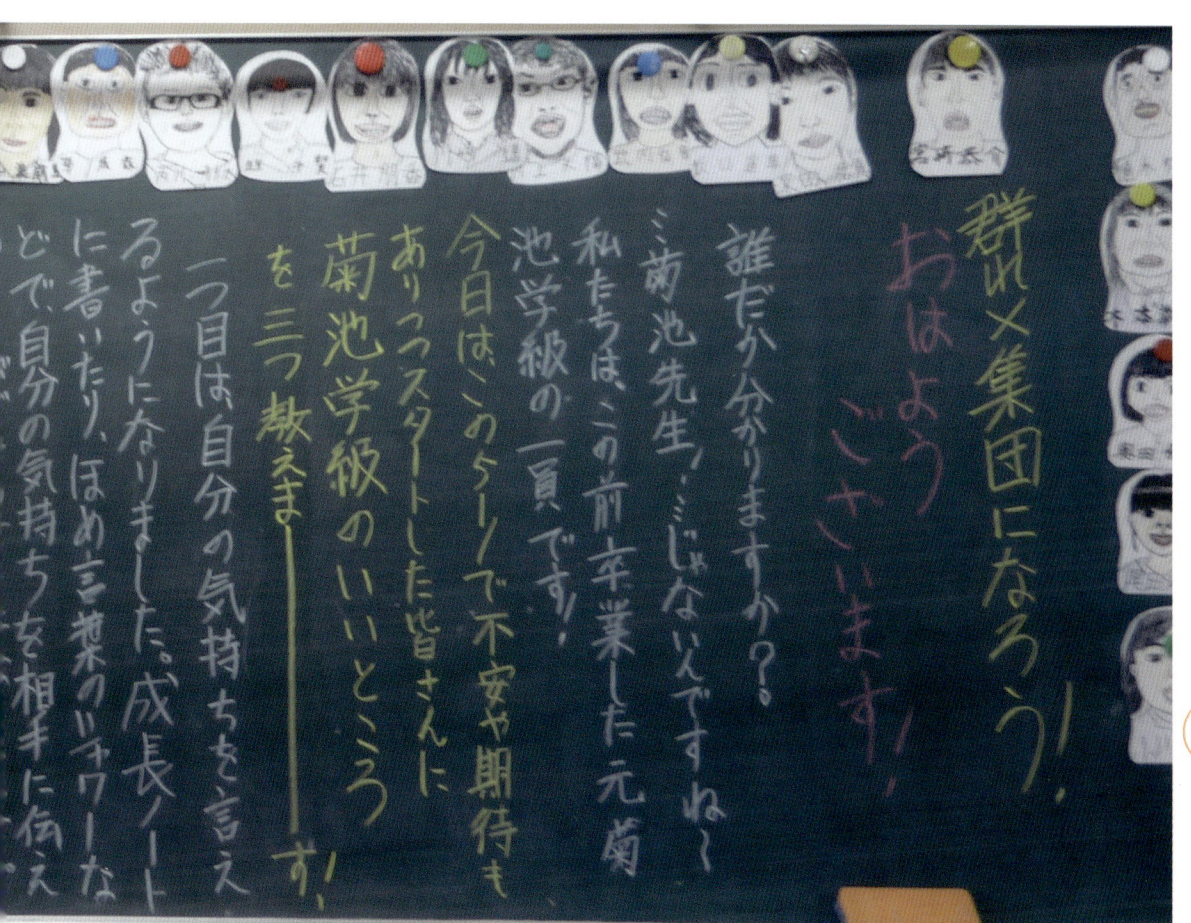

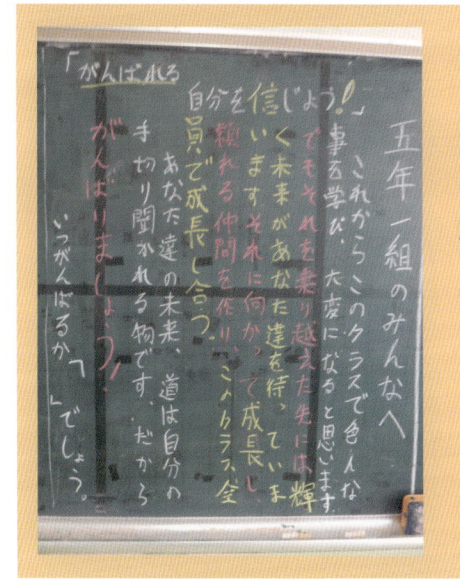

> 群れ×集団になろう！
> おはようございます！
> 誰だか分かりますか？
> 菊池先生…じゃないんですね〜
> 私たちは、この前卒業した元菊池学級の一員です！
> 今日は、このシーンで不安や期待もありつつスタートした皆さんに菊池学級のいいところを三つ教えます！
> 一つ目は自分の気持ちを言えるようになりました。成長ノートに書いたり、ほめ言葉のシャワーなどで自分の気持ちを相手に伝え

4月5日の始業式の放課後に書かれた「卒業生のメッセージ」です。「成長」が菊池学級のキーワードであることが分かっているのでしょう。5年生に寄り添いながら書かれています。自分たちの1年間の成長に自信を持っていることも分かります。

第7章 卒業生からのメッセージ

「卒業生からのメッセージ」③

> その時間を過ごしていました。
> すべて「なんとなく」の気持ちから始まっていました。
> 後悔しています……。
> ですが、皆さんはすばらしい
> 『仲間』という関係を築き上げていることだろうと思います!!
> なので、クラスが別れても、その友情は、変わりません!!
> 残り1ヶ月で、新しい環境になりますが、今まで通り自分らしく…
> 大きく輝き
> 有終の美を飾りましょう!!!

■ 卒業生の言葉

「5年生が6年生になる頃だったので、自分たちが6年生になるときと重なりました。あの頃は、今から考えると、本当に『後悔』という言葉しか出てきません。だから、5年生には同じ思いをしてほしくない、という気持ちで書きました。いろいろな人から、菊池学級の生徒はがんばっている、成長していると聞いていたので、自信を持って書きました。私たちを追い越すぐらいの成長をしてくれると信じながら書きました。」

■ 5年生の様子

この頃は、5年生も確かな成長をし続けていました。十分に卒業生の気持ちや考えを理解していたと思います。「有終の美を飾る」という言葉を辞書で調べて、残りの1か月を過ごそうという前向きな気持ちになっていました。この時期には、「ＳＡの道」という目指すべき方向を示した言葉も当たり前にありました。クラス替えが近いということもあり、不安を抱えていた子どももいたと思います。しかし、この卒業生のメッセージで、新たな目標もできて安心した様子でした。

もうすぐ5年生が終わろうとしていた2月に書かれたものです。4月からの最上級生となる心構えも書かれています。1年間で成長した5年生を信じている気持ちが温かいと思いました。

　このメッセージは夏休みに書かれたものです。日常の生活の中で目標を持つこと、ふさわしい価値ある言葉を知ることといった6年生のときの学びが生きていると思いました。このメッセージを読んだ5年生の2学期のスタートは、不安を吹き飛ばすほどのエネルギーがありました。

第7章　卒業生からのメッセージ　◆

第7章 卒業生からのメッセージ
「卒業生からのメッセージ」④

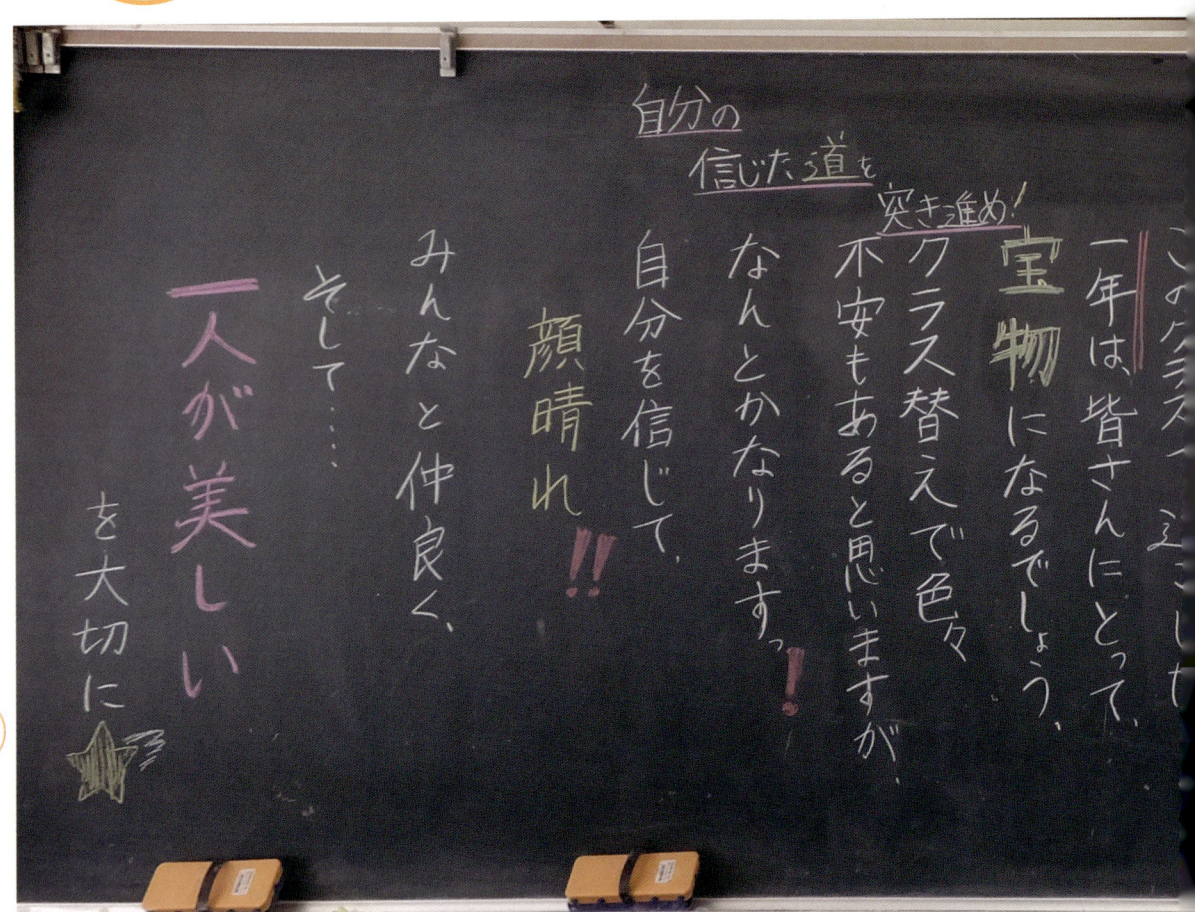

■ 卒業生の言葉
　「これを書いたとき、ひとつ不安なことがありました。それは、みんなと仲良くなるということと、一人が美しいということが伝わるかなということです。矛盾していると思うんじゃないかと心配したのです。でも、菊池先生から大丈夫だと言ってもらって安心しました。1年間で、生徒さんたちも価値語の意味が分かっているんだなと思いました。実際に行動で体験しないと分からないと思うから、それだけ1年間頑張ったんだなと思いました。今日からの最上級生としての最後の1年間も頑張ってほしいです。」

■ 5年生の様子
　朝の時間に、感想を交流し合いました。多かった内容は、「自分たちも1年後には、後輩の下級生にこのような言葉を伝えられるようになりたい」というものでした。クラス替えは残念だけど、最上級生としての目標が持てたようでした。
　クラスが違っても競い合おうといった雰囲気になっていました。たくましさを感じました。

6年生になる日に、1年間過ごした教室に書かれたものです。短い内容ですが、「ＳＡの道」「顔晴れ」「一人が美しい」といった価値語が並んでいます。落ち着いた文字が輝いています。

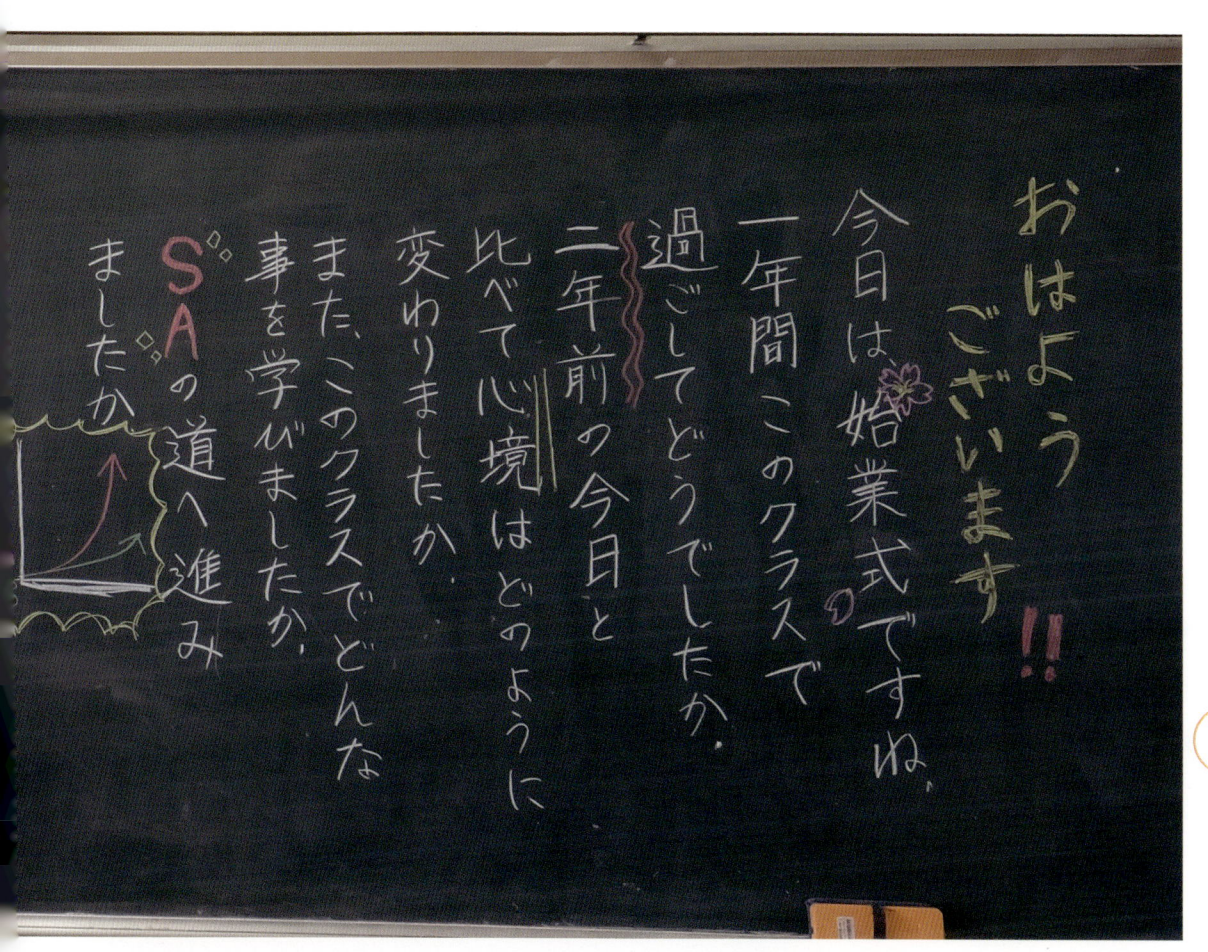

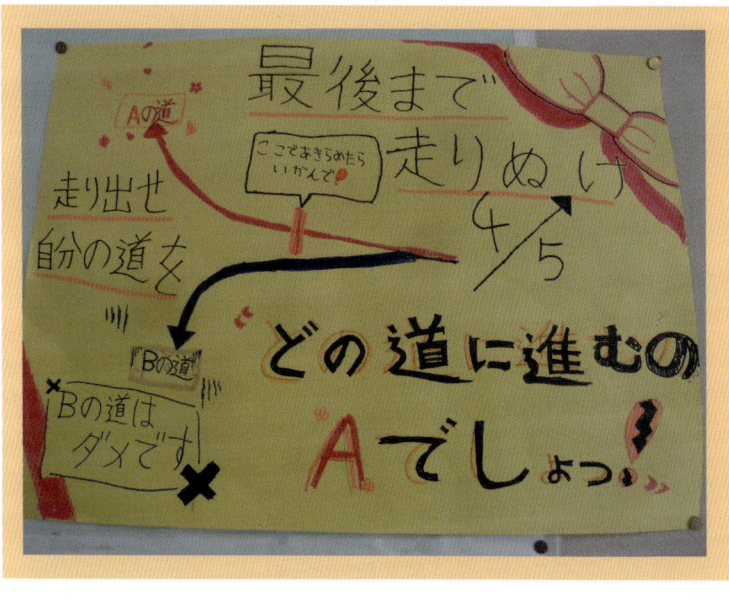

> おはようございます‼
> 今日は始業式ですね。
> 一年間このクラスで過ごしてどうでしたか。
> 二年前の今日と比べて心境はどのように変わりましたか。
> また、このクラスでどんな事を学びましたか。
> ＳＡの道へ進みましたか

写真は、5年生の初めに子どもたちが作った掲示物です。「卒業生からのメッセージ」を読みながら、この成長曲線のようにＡの道を進んだ1年間だったことをうれしく思いました。5年1組34人の気持ちも同じだったと思います。

第7章 卒業生からのメッセージ

第7章 卒業生からのメッセージ

「卒業生からのメッセージ」⑤

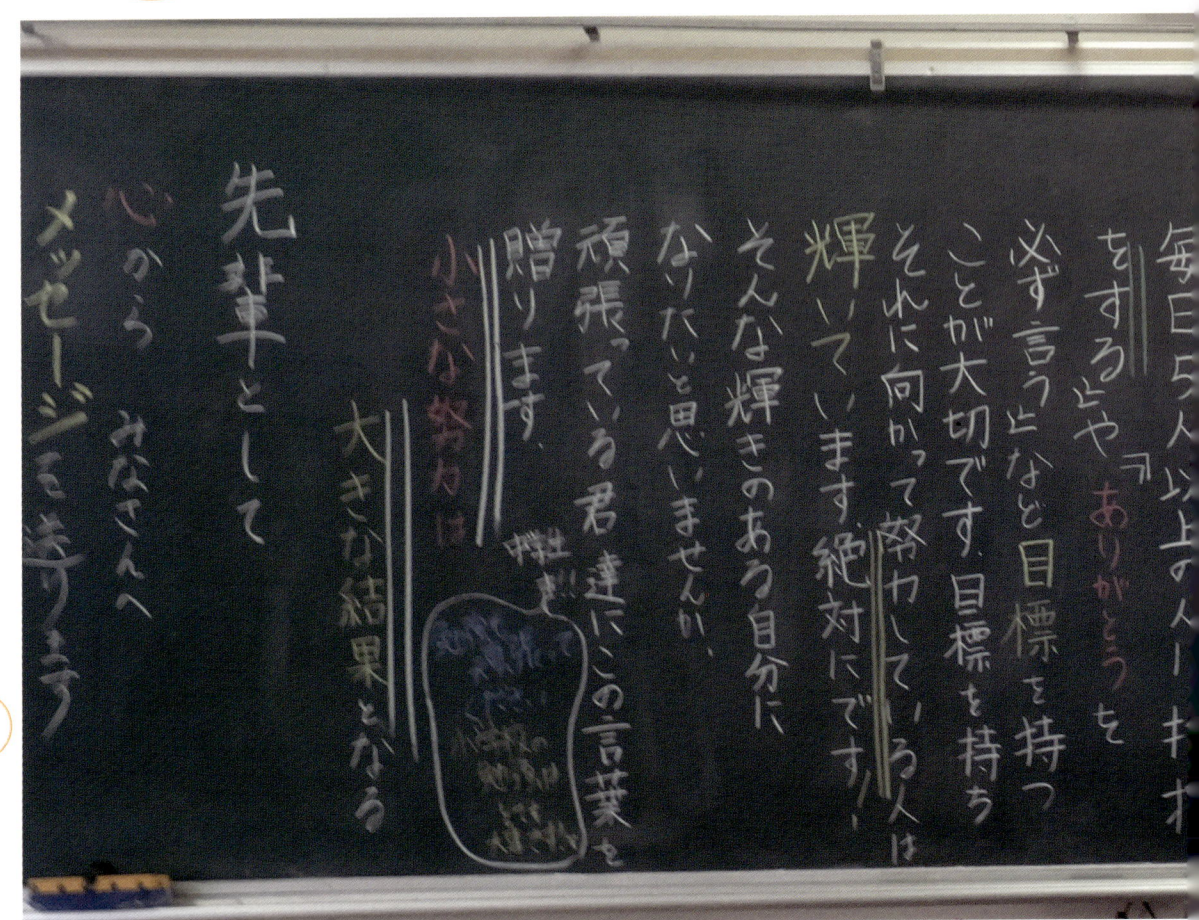

■ 卒業生の言葉

「これが最後です。もう思い残すことはありません（笑）。1年間書き続けて、少しでも生徒さんたちのためになったのだったらうれしいです。きっと私たちを超えてくれると思います。こんどからは、それを楽しみに私たちも頑張ります（笑）。新々菊池学級が、今度はどんな学級になるのか楽しみです。菊陵中学校（進学先の中学校）に菊池学級の生徒さんが来るのを待っています。今度は、同じ中学生として協力し合って成長したいです。」

■ 新6年生の様子

最上級生になり、新しい学級になり、緊張気味の顔をしていましたが、支え、方向付けてくれる「先輩」がいることを改めて知って安心した様子でした。

成長ノートに、「今までは『先輩』と聞いても遠い存在だと思っていたけれど、身近に感じています。この1年間を全力で過ごそうと思います。そして、中学生になったら、この恩返しをしたいと心に決めました」と書いた子どもの顔は、前を向いて輝いていました。

クラス替えを経て6年生になった始業式放課後の、6年1組の黒板に書かれたものです。「先輩として　心から　みなさんへ　メッセージを送ります」で終わるこのメッセージが最後でした。

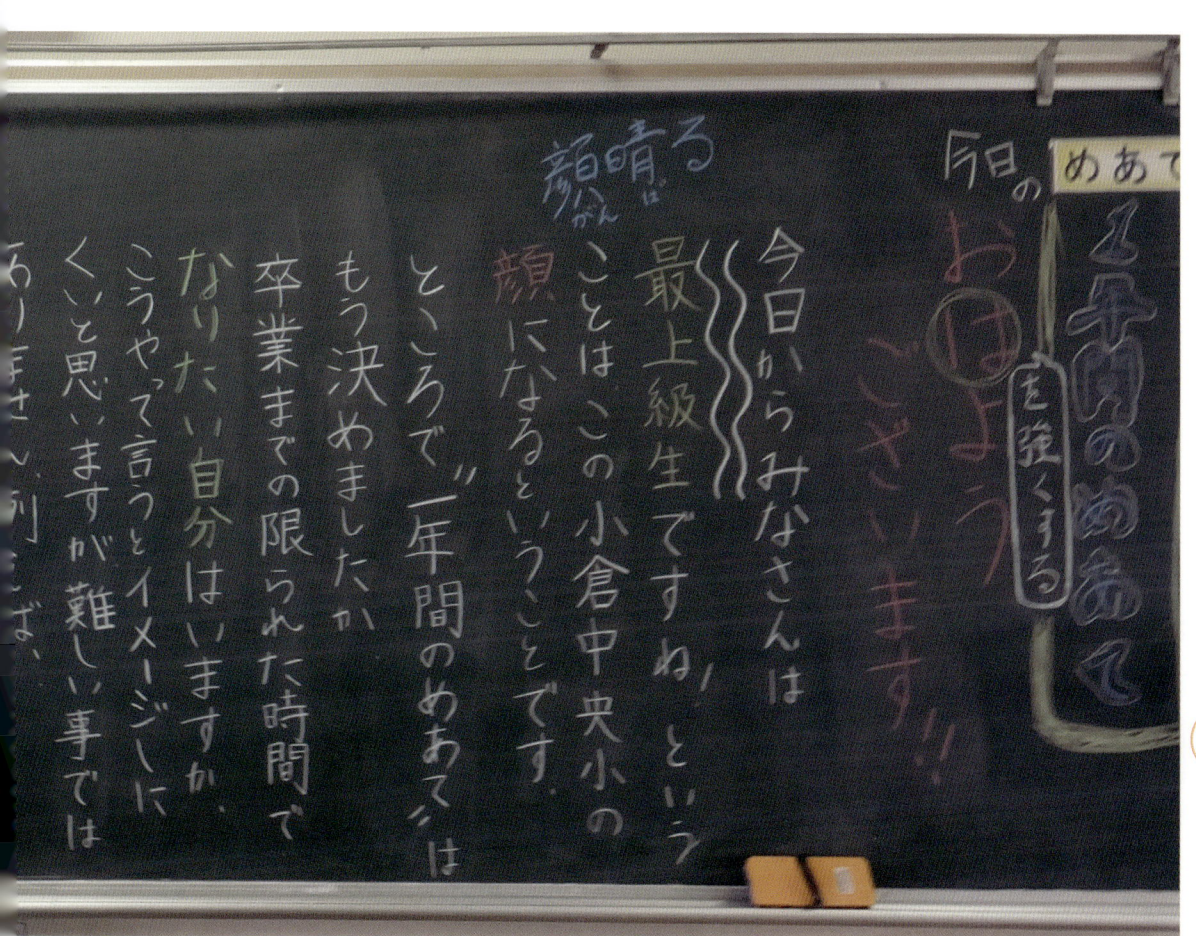

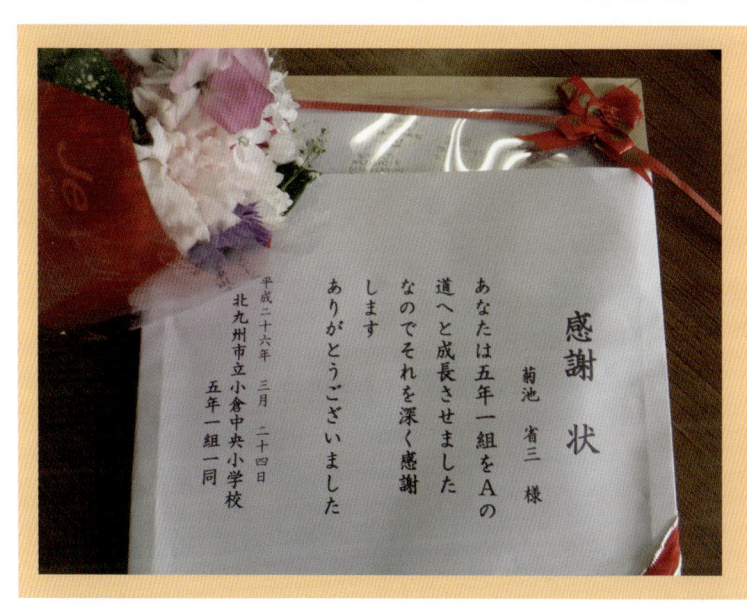

> 今日のめあて
> 5年間の成果を発くする
> おはようございます！！
> 今日からみなさんは最上級生ですね、ということはこの小倉中央小の顔になるということです。晴る顔（はるかお）
> ところで"1年間のめあて"はもう決めましたか、卒業までの限られた時間でなりたい自分はいますか、こうやって言うとイメージにくいと思いますが難しい事ではありません、例えば、

　5年生は、卒業生からのメッセージを受け止めながら成長しました。修了式の日に私が子どもたちからもらった「賞状」です。この子どもたちも、1年後の卒業した後には、後輩へのメッセージを残し続けるだろうと思いました。確かな絆を感じました。

> 感謝状
> 菊池　省三　様
> あなたは五年一組をAの道へと成長させましたなのでそれを深く感謝しますありがとうございました
> 平成二十六年　三月二十四日
> 北九州市立小倉中央小学校
> 五年一組一同

第7章　卒業生からのメッセージ ◆

おわりに

　平成26年度の人権週間応募作品の作文を、担任していた6年生の学級で書かせました。
　低学年の頃から担任する4年生までは、友達とのトラブルが多く、問題をよく起こしていた女の子の作文を学級代表に選びました。
　彼女は5年生の中頃からは落ち着き、作文を書いた頃には学級のリーダーの一人になっていました。
　彼女の作文を代表として選んだのは、彼女の大きな成長は、学級全員の成長の象徴でもあると判断したからです。
　彼女の作文です。
＊＊＊＊＊＊＊＊＊＊＊＊＊＊＊＊＊＊＊＊＊＊＊＊＊＊＊＊＊＊＊＊＊＊＊
　　人権週間応募作品　　「私は、変わった」

6年　元山　美莉亜

「私の自分らしさは、リーダーシップがあることです」
　自己紹介をする時、よくこの言葉を口にするようになりました。口ぐせになったのです。
　4年生までの自分は、人のマイナスを見て、そして自分の心を荒れさせていました。トラブルばかりを起こしていました。
　私は、変わったのです。
「むかつく」「何しよるんね」「どうでもいい」・・・このような言葉が、4年生までの私の口ぐせでした。
　友だちと小さなことでいがみ合い、毎日といっていいほどケンカをしていました。何かしらいら立っていたのです。
　4年生になったころ、友だちのちょっとした一言に自分をコントロールできなくなって、プランターを投げつけて割ったこともありました。
　よくは覚えていないのですが、私はもう変わることはない、と決めつけていたように思います。
　5年生になりました。一学期の中ぐらいから「ほめ言葉のシャワー」が始まりました。「ほめ言葉のシャワー」とは、毎日一人の友だちをみんなでほめ合っていくという活動です。毎日、毎日行います。ほめられる「主人公」の人は、あたたかい言葉のプレゼントをクラスのみんなからもらうのです。
　私も、
「元山さんは、4年生までと違って笑顔が似合うようになりました。―」
「私が困っていたら『大丈夫？』と声をかけてくれました。―」
「自習の時、『静かにしよう』と呼びかけていました。成長していますね」
といったプレゼントを、笑顔をセットにしてみんなからいただきました。
　もちろん私も一人一人に言葉のプレゼントをわたしました。毎日、わたしました。
　今、私は変わりました。「どうせ私なんか」と思い込んでいた私が、みんなとも楽しく仲よく過ごせるように変わったのです。
　クラスも、笑顔であふれるようになっています。ケンカもするけどすぐに仲良しです。

毎日行っている「ほめ言葉のシャワー」で、一人一人が自信を持ってきたからだと思います。一人一人が安心して「よかった」と思える教室になってきたからだと思います。

　６年生になった今、時々、お母さんから、
「美莉亜、あんた変わったね」
とほめられます。私は、胸を張って、
「そうよ。成長しているから」
と答えています。

　私らしさを見つけて、毎日笑顔でいられる私を、私は「大好き」です。

＊＊＊＊＊＊＊＊＊＊＊＊＊＊＊＊＊＊＊＊＊＊＊＊＊＊＊＊＊＊＊＊＊＊＊

　マイナスの生活だった過去を冷静に振り返り、みんなで認め合って成長してきた自分や自分たちを見つめ、プラスに変わった自分を「大好き」だと言えるまでに成長したことを、自分の言葉で素直に綴っていると思います。

　彼女の１年半を担任としてみてきた私は、その成長の事実を知っているだけに胸を打つものがありました。

　毎年、このような自分や自分たちの成長を喜び、みんなも好きだけど自分も大好きという子どもが育ってくれます。安心感のある教室の中で、自分に自信を持ち、無邪気に毎日を全力で生活する子どもが育つのです。

　担任としてこれ以上の喜びはないのではないかと思っています。

　本書は、このような「菊池学級」で過ごした子どもたちの事実を「写真」という形でまとめたものです。

　言葉を大切にし合う中で、自分らしさを知り、それを大事に成長させようとしている子どもたちの事実を伝えようとしました。

　本書は、原稿をまとめ構成していただいた中村堂・中村宏隆氏、丁寧に原稿を書いていただいた菊池道場・内藤慎治氏、井上洋祐氏のお力でできました。お礼を申し上げます。

　ありがとうございました。

　本書がきっかけになり、温かい言葉を育て合う教室が生まれることを期待しています。

２０１４年１１月３日

菊池道場長　菊池　省三

●第1章・第2章・第6章・第7章　執筆／全編写真撮影

菊池省三（きくち・しょうぞう）

　1959年愛媛県生まれ。山口大学教育学部卒業。現在、福岡県北九州市立小倉中央小学校勤務。文部科学省の「『熟議』に基づく教育政策形成の在り方に関する懇談会」委員。毎週1回行う「菊池道場」道場長。【主な著書】『動画で見る　菊池学級の子どもたち』、『ディベート ルネサンス 究論復興』、『コミュニケーション力あふれる「菊池学級のつくり方」』、『小学生がつくったコミュニケーション大事典　復刻版（監修）』（以上、中村堂）、『小学校発！　一人ひとりが輝く　ほめ言葉のシャワー』、『小学校発！　一人ひとりが輝く　ほめ言葉のシャワー2』（以上、日本標準）、「菊池先生の『ことばシャワー』の奇跡 生きる力がつく授業」（講談社）、「学級崩壊立て直し請負人：大人と子どもで取り組む『言葉』教育革命」（新潮社）、他多数。

●第3章・第5章　執筆

内藤慎治（ないとう・しんじ）

　福岡県福岡市立和白東小学校勤務、菊池道場博多支部

●第4章　執筆

井上洋祐（いのうえ・ようすけ）

　福岡県大牟田市立手鎌小学校勤務、菊池道場大牟田支部

※2014年11月1日現在

写真で見る　菊池学級の子どもたち
「価値語」で人間を育てる

2014年12月25日　第1刷発行

著　者／菊池省三　菊池道場
発行者／中村宏隆
発行所／株式会社　中村堂
　　　〒104-0054 東京都中央区勝どき2-18-1
　　　黎明スカイレジテル930号
　　　Tel.03-6204-9415
　　　Fax.03-6204-9416
　　　ホームページアドレス　http://www.nakadoh.com

編集協力・デザイン／佐川印刷株式会社
表紙デザイン／佐藤友美
印刷・製本／佐川印刷株式会社

◆本書の写真は、児童本人および保護者の承諾を得て、掲載しています。
◆写真の一部は、撮影時の状況により粗い画質になっています。あらかじめご了承ください。
◆定価はカバーに記載してあります。
◆乱丁・落丁の場合はお取り替えいたします。

ISBN978-4-907571-08-5